D・カーネギー・トレーニング

心の壁を突き破る

パンポテンシア【編】

DALE
CARNEGIE
TRAINING

創元社

目次

装幀=上野かおる

序章

生きる力を呼び覚ませ

デール・カーネギー・トレーニング(主宰)パンポテンシア株式会社代表取締役
山本悠紀子

DALE
CARNEGIE
TRAINING

1 自立型社員の時代

ビジネスパーソンとして生き抜くには、多くのことを求められる厳しい時代になりました。経済環境が悪化する中で、会社自体が生き残りに悪戦苦闘していると同時に、社員も「勝ち組・負け組」「要る社員・要らない社員」と分類され、「生き残り」をかけて資格やスキルを習得せよと尻を叩かれています。「できる社員」になるためには、決算書が読めること、論理思考ができることなど、さまざまなことを習得することが必須条件のようにいわれ、多くの人がスクールに通ったり、寝る間も惜しんで勉強したりしているのではないでしょうか。

実力主義の時代といわれ、成果主義の賃金体系を導入する会社も増えており、いやでも自分のスキル（技術）や能力を高める努力をせざるを得ない状況へと追い込まれています。また、会社が危ないからという切羽詰まった事情や、今の会社に埋もれたくはないからという前向きな理由から、会社の外で通用する人材になろうとみずから進んで勉強にいそしんでいる人も少なくない

ないでしょうか。
いずれにしても、今ほど個人に対して能力やスキルの向上が求められている時代はないのではないでしょうか。

しかし一方で、こんな意見も出ています。

シンクタンク・ソフィアバンク代表の田坂広志氏は、著書『知的プロフェッショナルへの戦略』において、「専門的知識や資格を持っている人材は、労働力として求められる人材にはなれるが、これからの知識社会において活躍する人材にはなれない」と言っています。活躍するのは、「仕事や職場で体得した職業的な智恵を身につけた知的プロフェッショナルである」と。

また、ドリーム・インキュベータ社長の堀紘一氏は、雑誌の対談記事で、「学習能力というのはビジネスで一番大切なものだと思っているんだけど、普通の会社では学習する人が驚くほど少ないんですよ。……会社は教育しても、社員は学習をしない」と発言しています。

おふたりの言い方は違いますが、要は技術的な勉強はしているかもしれないが、仕事を推進する力を身につけていないということではないでしょうか。

自立型人材という言葉があります。「みずから目標を掲げ、目標達成を阻む問題があれば、ひるまずに進んで解決し、あらゆるスキルを用いて目的を達成できる人材」と定義してみました。

トップダウンという意思決定法ですべての物事を進められるほど単純な時代ではなくなりまし

た。顧客ニーズが多様化し、しかも変化の激しい時代にあっては、トップや上司から言われたとおりにやっていればいいとか、マニュアルどおりにしかできないということでは通用しないのです。

それぞれの持ち場ごとに状況を判断し、最適な意思決定を下して顧客や上司のニーズに応えてゆかなければなりません。自分で考えてその場で判断し、そのつど異なるさまざまなニーズに応えてゆくことが必要な時代になっているのです。

そのためには、判断の基準となる確固とした大目標や具体的な目的を持ち、目前にある問題の解決に進んで取り組んでゆかなければなりません。日々起こるいろいろな場面で、どうすればよいかを自分の頭で考え、判断し、行動できなければなりません。その過程で、自分に欠けている能力を認識し、それが自分の性格やこころの働きのどこに起因するかを問いかけ、問題点をみずから把握し、たえず自己変革をこころざしつつ、勉強したり練習したりすることで新しい習慣をみずからに課して、自分という人間を磨いてゆかねばなりません。こうした人材こそ、どこへ行っても通用する人材であり、自立した人材なのです。

会社勤めをしていようと、自分で事業をやっている人であろうと、自立できていない人は、複雑でスピードの速いビジネス社会の中で生き抜いてゆくことはできません。

自立している人は、目標や目的を明確に意識しています。そして、それらを達成するために何が必要かを具体的に考えています。さらに、その必要なものを獲得するために最大の情熱を傾けて取り組みます。その間、勉強が必要なら寝る間を惜しんで勉強するでしょう。人の協力が必要であれば、熱意を持って説得し人を動かすでしょう。そのようにして、問題を克服し目的を達成してゆきます。しかも、それをくり返しくり返しやりつづけねばならないことも知っています。こういう行動様式を取れるようになれたら、どんな変化や難問にも立ち向かえるのではないでしょうか。どんな問題にも積極的に挑戦できるのではないでしょうか。

デール・カーネギー・トレーニングは、このような行動様式を取れるようにトレーニングをし、自立できる力を身につけてもらうための教室です。

2 個人を生かす組織とは

最近、「個人を生かす組織」とか、「学習する組織」という言葉がもてはやされています。厳しい経済環境にあって企業の競争力を高めるためには、個人の能力を最大限に発揮できる組織にしなければならない、また社員が継続的に学習できる組織でなくてはならないということです。

しかし、現実に行なわれている会社の施策は、「フラットな組織」と称して、中間管理職を廃して少人数で多くの仕事をやりくりさせたり、「成果主義の導入」と称して、給料が減ると恐怖をあおり今まで以上に働かせるという具合に、労働強化を強いるものばかりと言っても過言ではないでしょう。

「個人を生かす組織」という考え方自体は間違っていないのです。しかし、単なる労働強化に終わってしまうということは、組織や制度をいくら新しくつくり直しても、管理職や一般社員の意識と行動様式が変わらなければ、うまく機能しないということです。日本企業の特徴であった封建的なヒエラルキー（ピラミッド型の官僚的組織）に基づく企業体質にどっぷりつかってきた社員に、欧米型の制度に変えましたから明日から違う意識で働いてくださいと言っても、そう簡単に変われるものではありません。

それでも社員は、会社の方針に従わなければ生き残れないと思って、必死に新しい時代の潮流についてゆこうとしています。それをあおるような雑誌記事や書籍が多数出版されていますので、当人たちはますます必死で頑張っています。しかし、第三者的に見れば、給料が上がらない時代に労働強化が進んでいるとしか見えてこないのです。

それでは、どうしたら真に「個人を生かす組織」を実現することができるのでしょうか。

これまでの日本企業では、社員にとって仕事は与えられるものであり、目標も上司が決めて与えられるものという意識があったと思います。与えられた仕事を頑張っていれば、年功序列で昇給・昇格もしていました。この考え方のままで成果主義を受け入れると、単に給与査定が厳しくなっただけのことになるのです。

しかし、個々人がみずからの能力を最大限に発揮し、仕事に喜びを感じるためには、個々人ひとりひとりが会社と向かい合う「自立した存在」にならなければならないでしょう。会社と共存はしてゆくが、みずからの目標をみずから設定し、みずから課した目標に向かって、自分で自分を鼓舞して働くという意識がなければなりません。目標達成のためには直面する問題をも進んで解決し、やり遂げてゆくという行動様式を持つという意識改革が必要なのです。個人を生かす組織を実現するためには、先に述べた自立した個人を育成することがあわせて必要になるのです。

「戦略、システム、組織構造といったハードウェアの改革は進められても、社員の意識・行動や組織文化といったソフトウェアの変革にまで踏み込んで改革を成し遂げた企業は少ない」（『個を生かし企業を変える』グロービス・マネジマント・インスティチュート）

組織の問題は、経営の意志としてトップダウンで打ち出してゆくことができます。組織を船にたとえるならば、今まさに帆船から蒸気船に船を変えているのです。船が変われば、乗組員も古い技術では対応できません。意識も含め根底から操縦方法を変えなければなりません。まさに会社という船の構造が変わるときに、社員の意識を変えなければ船は動かないのです。

社員にとって、「個人を生かす組織」は本来「やりがいのある会社」となるはずであり、望ましいことであるはずです。であれば、その組織を縦横無尽に操縦して自己実現を図るためにも、個人が自立した人材になる必要があるのです。

それでは、自立する力はどうしたら習得できるのでしょうか。

3 デール・カーネギー・トレーニングの秘密

デール・カーネギー・トレーニングは、一九一二年、ニューヨークのYMCAの夜間学校で話し方教室として始まりました。しかし、デール・カーネギーは、多くの人に話し方を教えているうちに、話し方を教えているだけでは、受講生がお金を投じて足を運ぶには不充分だ、彼らの問題を解決することになっていないと気づいたのです。そして、受講生は何を必要としているのか追求しました。

受講生にとっての問題は、単なる話し方だけではなく、友人のつくり方や他人に影響を与える能力であり、また悩みの解決法やみずからの意欲の高め方などであることがわかったのです。デール・カーネギーは、受講生の抱える問題の解決に真摯《しんし》に応えることに取り組み、熱中してゆきました。教室の中でのやり取りを通じて彼らの求めるものを追求し、過去の文献を読みあさってはその回答を探し、集めてゆきました。そして、それらを集大成したものが、カーネギーの二大名著といわれる『人を動かす』『道は開ける』という本です。

それ以降、デール・カーネギー・トレーニングは、時代の変化に応じて改良を加えられてきましたが、本質は変わっていません。話し方を教えることをベースとしながら、社会人が必要としている問題解決のためのスキルを習得してもらうためのトレーニングなのです。

デール・カーネギー・トレーニングに参加された多くの方は、話し方やプレゼンテーションがうまくなりたい、人間関係を良好にするスキルを身につけたいといった動機でやってきます。しかし、卒業される時には、これらのスキルを習得することはもちろんのこととして、それ以上のものを得られたことを実感してもらっています。

それ以上のものとは何でしょう。自信と勇気、何ごとにも積極的に挑戦する心構えと態度、ビジョンの設定とそれを達成するための熱意ある行動力など、厳しい社会を生きぬくための強さです。人間関係を良好にするスキルの向上をとおして、他者を認め、協力し合って、より充実した毎日を送る方法です。それらを身につけてもらうのです。

そのようなことがどうして可能なのでしょうか。

デール・カーネギーがニューヨークのYMCAで始めて以来、九十年に及ぶ時間の経過の中で開発されてきた独特のプログラムにその秘密があります。

一例をあげて説明しましょう。デール・カーネギー・トレーニングには、いくつかのコースがありますが、それらの中でもっともベーシックなものがデール・カーネギー・コースです。これは毎週一回、十二週間のコースですが、この回数の設定にも理由があります。日本で行なわれている他の能力開発セミナーの多くは、二、三日のセミナー形式が多いようです。しかし、二、三日セミナーを受けただけでスキルが身につくでしょうか。人の意識が二、三日で変わるものでしょうか。

デール・カーネギー・コースはクラスへの参加と実生活での実践を通じて、知識を習得するだけにとどめず、身についたスキルとして体得してもらうトレーニングです。十二回のクラスではなく、十二週間かけて行なうトレーニングなのです。

知識は習得しても実践しないかぎり何の役にも立ちません。特に、話し方やプレゼンテーション、人間関係などについては、理屈がわかっていても、職場や家庭で実際に実行できなければ何の意味もありません。どうしたら良いのかがわかったら、実際に何度もやってみて、試行錯誤のすえに体得したものがスキルとして有用なものになるのです。

　デール・カーネギー・トレーニングでは、毎週何らかの実践をしてもらい、それをクラスでレポート（報告）していただきます。習ったことはすぐ実践し、実践した感想をクラスのみんなで議論することをくり返すのです。それによってスキルを自分の血肉にまでしてしまうのです。

　コースへの参加と実践に際しては、「ブレイク・スルー（壁を破る）」と「コンフォート・ゾーン（居心地の良い範囲）を広げる」という二つが合言葉になっています。新しいスキルを獲得し、自分の目標やビジョンを達成するためには、今までできなかったことに足を踏み出して挑戦する心の持ち方や態度が必要なのです。このとき、トレーナーと呼ばれるクラスの講師が、受講生が思いきって足を踏み出してゆけるように、励まし後押ししてゆきます。また、受講生同士が互いに触発し合って、みなさん一歩一歩自分の殻を破ってゆかれます。

　十二週間後には、初日とはまったく違った顔つきで卒業されてゆきます。スキルを身につけ、物事に対処する意識を変えるには十二週間という時間は、最低限の時間なのです。

　十二週間にわたって、さまざまなスキルを学習し、毎週出される課題を実践して、毎回一つか二つのスピーチをこなしてもらっていますが、十二週を通じて私たちが受講生にお伝えしたいと考えている根本的なテーマは、つぎの三つに集約されます。

一つめは、「自分に自信を持ち、自分を最大限に表現すること」です。

日本人は、世間の目を気にして、自分を出すことを抑える傾向があります。出る杭は打たれるという言葉がありますが、人と違うことをやったり、目立ちすぎたりすると悪評が立ってしまいます。そこで、みんなと同じであることをもって良しとしてしまいます。

子どものころから学校や友だちとの間で、自分を一定の枠の中に押し込めて言動することを身につけてしまい、おとなになってからは、世間の目で囲まれた枠の中で通用する言動しか取れなくなってしまっています。人はそれぞれ生まれも育った環境も違い、十人十色のはずなのに一色であらねばならないという不文律の中に生きてしまっているのです。

そこで、デール・カーネギー・トレーニングでは、まずこの枠を踏み出し、自分は自分でいいのだという自信を持ってもらいます。その上で、どこまで自分をさらけだして、最大限どれくらい自分を表現できるかに挑戦してもらいます。もちろんそのためのさまざまな手法を学んでもらいながらです。

二つめは、「他者を認め、ｗｉｎ－ｗｉｎの関係を築くこと」です。

自己主張することが自分勝手であることとイコールでないことは理解していただけると思います。逆に、自分の主張を貫いて、ものごとを成し遂げようと思えば、周囲の人の協力を引き出さなければなりません。そのためには、他人の立場に立って考え、自分の主張と周囲の人とのバランスを取らなければなりません。こうしたスキルが人間関係スキルです。

デール・カーネギーの名著『人を動かす』は、そのタイトルのとおり、自分の目的を達成するために人に動いてもらう方法を説いているわけですが、その核心は、他者の立場に立って考えるということにあります。自分と他者が共存共栄する場合にのみ、その相手から最大の協力を得られるのだということです。win−winの関係とは、利害を対立させるのではなく、当事者双方がwin（獲得）する関係です。トレーニングでは、さまざまな実践をとおして、このルールを身をもって体得してもらいます。

三つめが、「リーダーシップを発揮して、目的達成への熱意を持続すること」です。

デール・カーネギー・トレーニングを受講される方は、何らかの目的を持っています。体で獲得したスキルを用いて、その目的を達成してもらわなければなりません。目的達成のためにもっとも重要なのは、人を巻き込み、人を引っ張って、目的に向かって走りぬく力です。

デール・カーネギー・トレーニングの真髄は、この能力の獲得にあります。十二週にわたるセッションを通じて、何ごとにも積極的に取り組む姿勢、人の心を動かすスキルや努力を継続する熱意の力などを徐々に習得してゆきます。

これら三つの柱となるものを、十二週間のさまざまな課題と実践、スピーチやディスカッションを通じて獲得していただきます。

4 本書の構成

なお、先に少し触れましたが、デール・カーネギー・トレーニングには、基本となるデール・カーネギー・コースのほか、セールスのコース、リーダーシップのコースなどがあります。これまで述べたことは、どのコースについても共通する基本的な考え方です。

本書は、デール・カーネギー・トレーニングを実際に体験した人々の率直な声を集めたものです。

第一章は、ひとりのビジネスマンが、デール・カーネギー・トレーニングから何を学び、どのような影響を受けたかが、描かれています。さらに、デール・カーネギーの思想を咀嚼《そしゃく》し、その思想の中から自分なりに重要な柱を選び、熱意を込めて語っています。

筆者の中島清文氏は五年前に初めてトレーニングを受け、大手企業で多忙な仕事をこなすかたわら、クラスを担当する講師である「トレーナー」という資格を一年前に取得し、土曜日、日曜日など、本業の休みの日に講師として指導にあたってこられた方です。

デール・カーネギー・トレーニングは、話し方や人間関係を円滑にする技術を教えますが、しかしそれを学ぼうとする人に、結局、うわべのテクニックではなく、考え方、心の持ち方、ひいてはひとりの社会人、家庭人としての在り方をも見つめ直させるものであることが、おわかりいただけるものと思います。その意味で、第一章はデール・カーネギーの教えと、それを学ぶ側との深い心の交流を描いた重要な章であると言えます。

第二章は、デール・カーネギー・トレーニングを社員に積極的に受講させて、社員の自己啓発プログラムの一環に組み込んでいる会社の立場から、述べていただきました。これは、デール・カーネギー・トレーニングの九十周年記念パーティの時のお話をもとに、大幅に加筆修正したものです。

まずおひとりは、販売員のCS（Customer Satisfaction＝顧客満足）向上、能力開発を狙いとして、社員をトレーニングに派遣しておられるマツダ株式会社の執行役員カスタマーサービス本部長テリー・L・モアー氏のお話です。受講された方々の感想も収録させていただきました。

もうおひとりは、カルビー株式会社の人事グループマネジャー南伊佐夫氏のお話です。同社は社員の自己啓発のために独自のプログラムをつくっておられますが、その中にデール・カーネギー・トレーニングを明確に位置づけ、積極的に活用してめざましい成果をあげておられます。

この二社の事例は、企業がどのように社員の自己啓発をサポートしているか、そのためにデール・カーネギー・トレーニングがいかに有用であるかを如実に物語る好例と言えましょう。

第三章では、卒業生の体験記を載せております。デール・カーネギー・トレーニングには、さまざまな層の方が受講されています。学生から会社役員、技術者もいればセールスパーソンもいます。これらの方々がトレーニングを受けて実感したことを述べていただきました。このトレーニングが、男女を問わず、職種を問わず、あらゆる人々に役立つものであるということがおわかりいただけると思います。つまり、第一章が一個人の心を垂直に掘り下げた記録であるのに対し、第三章は水平の視点で幅広さを見ていただく章です。

私たちが読者の皆様にわかっていただきたいことは、これは世に横行するスパルタ式の訓練などとはおよそ縁のない、むしろ真反対のトレーニングだということです。それも当然で、デール・カーネギーの考え方の根底にあるのは、個性を尊重するあたたかいヒューマニズムなのですから。クラスのトレーナーは決して受講生に強制しません。トレーナーは方向を示し、具体的な方法を教え、援助し、助言するだけです。あくまで受講生ひとりひとりの自発的意志を尊重し、豊かな個性を充分に発揮して、人間として成長されることを願って、お手伝いするだけです。

また、デール・カーネギーの考え方は、人の思想や信条に立ち入るものではありません。一個の人間として、ひとりの社会人として、豊かな人生を創る考え方と身の処し方を教えているのです。誰が聞いてもなるほどと納得できる常識的なことばかりです。しかし、実行していないから、目からウロコが落ちたように感動するのです。

本書があなたをデール・カーネギーの世界に導くガイドの役割を果たしてくれることを祈っています。

第1章

自己を活かす七つの原則

デール・カーネギー・コース・トレーナー
中島清文

DALE
CARNEGIE
TRAINING

受講生からトレーナーへ

私は、デール・カーネギー・トレーニングの中でもっともベーシックなカリキュラムであるデール・カーネギー・コースのトレーナーをしています。しかし、もともと私もまた、デール・カーネギー・コースの受講生のひとりだったのです。

五年前にコースを受講して以来、その魅力に引き寄せられて、卒業後もクラスの運営を手伝うアシスタントを四年間続けました。その間に、デール・カーネギーの教えが私自身の成長に欠かせないものであると同時に、厳しいビジネス社会で頑張っている人たちにとってもきわめて有意義な教えであることを確信しました。そして、できるだけ多くの人にこのコースを知っていただきたくて、トレーナーになりました。

トレーナーになるためには、アシスタントを経験してコースの内容を理解した上で、特別な訓練を集中的に受け、デール・カーネギー・トレーニングのニューヨーク本部から認定を受けなければなりません。私は金融機関に勤めるサラリーマンで、時間的な制約がありましたから、本業が休日となる土曜日クラスのアシスタントを数回担当させていただき、トレーナーになるためのトレーニングは夏休みを利用して受講し、トレーナーの資格を取得しました。

ここでは、私が受講生として、またはアシスタントとして、デール・カーネギー・コースから学んだこと、そして、今トレーナーとして受講生に伝えていることの中から、デール・カーネギー・トレーニングの核となる教えを述べたいと思います。

1 自分を見直す

すべての始まりは、自分の「願望」である

「人前でうまく話せるようになりたい。人の先頭に立ってリーダーシップを発揮できる人になりたい」

私はその時、切実にそう思いました。

それは、私が三十五歳の時です。私は会社で労働組合の書記長に推選されました。

それまでの私は、どちらかというと、人前に進んで出てゆくタイプではありませんでした。何かの会合やグループでも、先頭に立つ人を補佐する役回りが多く、誰かをリーダーに立たせなが

ら、自分は傍らで言いたいことを言っているほうが気が楽だと考えるタイプでした。

しかしいつも、リーダーシップを発揮している人を羨ましく思っていましたし、自分も率先して人を巻き込み、何かを推進してゆく能力を身につけたいと考えていました。その種の本を読んだりもしていました。そんな時に、書記長の話が起こったのです。

「みんなから推され、自分でもやってみたい気持ちが多少ともあるのなら、思いきって引き受けてみよう」。私は書記長の役を引き受けることにしました。

ところが、書記長になったとたん、即座にリーダーとしての能力が必要になってきました。会社の組合員一万人のトップは委員長です。ところがわが組合では、委員長は対外的なトップであって、対内的なことといっさいを取り仕切るリーダーは書記長なのです。特に書記長は書記局十名を束ねてゆかねばなりません。不安でした。実は私はそれまで部下を持ったことがなかっただけに、なおさらです。

書記長ともなれば、組合員の前に立って話す機会もたくさんあります。いろいろな考えを持つ組合員の前で理路整然と話をする自信は、私にはありませんでした。ホンネを言えば、同じ会社の人とはいえ、見も知らぬ人たちの前に立つこと自体が恐かったのです。

私は、直ちに人前でうまく話す技術と、リーダーシップ能力を高めねばならないと、あせりました。本屋に行き、話し方とリーダーシップに関する本を棚から棚へとくまなく立ち読みしました。何冊かを選んで買おうとした時です。

「本を読んでもまた同じだ。何も身につかない。もっと実践的な方法はないだろうか」

そんな考えが浮かびました。そしてもう一度、実践への方法論を探すという視点で棚にある本を何冊もむさぼり読みました。すると、何冊かの本の巻末に、話し方教室などの問い合わせ先が載っていました。それらを見ているうちに、いくつかあった選択肢が、一本にしぼられました。

「話し方とリーダーシップの両方を満たすのは、デール・カーネギー・コースだ」

私は、二十代のころ、デール・カーネギーの書いた『人を動かす』という本を読んだことがありました。しかし、読んだ内容は印象が薄くよく覚えてはいませんでした。でも、その時、今自分が求めていることにいちばん合致しているのは、デール・カーネギーだと確信したのです。

私は、デール・カーネギーの本に掲載されている教室の問い合わせ先をメモし、本は買わずに家へ帰りました。本を読むのではなく、トレーニングを受けようと考えたのです。そして、資料を請求し、何の躊躇もせず、デール・カーネギー・コースに申し込んだのです。

これが、私がデール・カーネギー・コースを受講した経緯です。

明確な目的を持つ

もう一度、私の気持ちの動きを整理してみると、私は日ごろから「人前でうまく話せるようになりたい。リーダーシップを身につけたい」と漠然と思っていました。たまたま組合の書記長に推されたので、思い切って引き受けました。すると、あの漠然とした希望は、すぐにも習得したい「熱い願望」となり、「明確な目的」になりました。そして、このコースを受講するという行動に結びつき、スキル（技術）を身につけるに至ったのです。

スポーツにしても、その他のスキル習得にしても、何かを学び、身につけようとするからには、まずもって強い目的意識が必要です。野球選手が何十回、何百回も素振りをするのは、ヒットを打てるようになりたいからであり、レギュラーになりたいからです。その目的意識が強ければ強いほど、つらいトレーニングにも耐えられるのです。

人前でうまく話したい。幹部の前で立派なプレゼンテーションをしたい。セールス・トークを磨いて業績を上げたい。リーダーシップを発揮して部下を束ねてゆきたい。自己啓発の目的は人それぞれです。ただ、それらさまざまな目的意識は、みずからの心の底から噴き出る熱い願望に支えられていなければなりません。

誰かがやっているから自分もしたほうがいいのではないか、自己啓発の勉強をしていると言えば、会社での評価が上がるから、という程度ではだめです。本当に自分がどうなりたいのか。何をしたいのか。まずこの点をハッキリさせましょう。

すべての始まりは自分の中にある願望です。願望とは熱意というエネルギーと、こうなりたいという目的です。その願望を遂げることを、目的として強く意識しましょう。明確な目的と熱意を持っていればこそ、さまざまな学びの中から多くのことを吸収できるのです。学びの過程で出合う苦労や困難にも、希望を持って耐えてゆけるのです。

能力開発の五つのスキル＝5《ファイブ》ドライバー

デール・カーネギー・コースでは、どんな目的を果たすことができるのでしょうか。

デール・カーネギー・コースでは、現代社会を生き抜くために身につけるべきスキルを、「5ドライバー」と総称しています。ドライバーというと、車の運転手やゴルフのクラブ、ねじ回しやパソコンのドライバーを思いつく人が多いと思いますが、ドライバーとは「前へ推し進める道具」という意味なのです。

すなわち、「5ドライバー」とは、社会の荒波の中でみずからを前へ前へと推し進める5つの道具です。

具体的には、「①自信の構築」「②コミュニケーション・スキル」「③人間関係スキル」「④リーダーシップ・スキル」「⑤悩みやストレスのコントロール」の五つのスキルのことです。

デール・カーネギー・コースを受講される方の目的はさまざまです。

ある人は、不動産鑑定士として独立開業を目ざしていました。独立して仕事を得てゆくためには、人的なネットワークの構築が欠かせないということから、人間関係スキルを高めようと考え、デール・カーネギー・コースを受講しました。

またある人は、「少人数なら問題ないのに、大きな会議になると話が聞き取りにくい」という指摘を受け、スピーチの上達をメイン・テーマにして受講しました。

また、セールスを担当している課長さんが、みずからのセールス・トークの向上と、若いセールスパーソンを指導するための人間関係スキル習得のために受講しました。

目的はそれぞれの立場、環境、性格などによって違います。直面している問題も違えば、その深刻さの度合いも違うでしょう。それでも、この五つのスキル「5ドライバー」を高めてゆけば、どんな目的も達成でき、どんな問題も解決できるのです。

①自信の構築

私は、前述したとおり、組合の書記長を引き受けた当時、人前で話すことにまったく自信がありませんでした。それどころか、知らない人たちの前に立つことすら恐かったのです。

「うまく話せるだろうか。どんな質問が来るだろうか。回答に窮したらどうしよう」

そんなことばかり考えていました。まったく自信がなかったのです。

ところが、デール・カーネギー・コースでは、毎週一回のトレーニングで一つか二つ、二分間のスピーチを必ずみんなの前でしなければなりません。十二週間つづきますが、スピーチは十二週間毎回です。最初は、心臓はドキドキ、膝はガクガクで、用意してきた話も途中が飛んでしまったりしていました。

しかし、十二週の後半になってくると、トレーナーのコーチングも受けてどうすればよいかわかってくるし、慣れてもきたので、人前で話すことが特別なことではなくなってきました。そして、最後には、自信を持って話ができるようになりました。

私は、デール・カーネギー・コースの卒業と前後して、会社の労働組合の書記長に就任しましたが、就任の挨拶がうまくできるかどうか心配でした。しかし、

「デール・カーネギー・コースでみんなの前で話すことができたのだから、目の前にいる人が違っても同じようにできるさ。二〇人、三〇人の前であろうと、一〇〇人、二〇〇人の前であろうと、デール・カーネギー・コースの時と同じようにやればいいんだ」

と自分に言い聞かせて、本番に臨んだのです。結果は、自分でも驚くほどスラスラと見事に話すことができました。

この時以来、私は人前で話すことに自信を持つことができるようになりました。

ひとりで練習する。少人数の前でやってみる。大きな舞台でやる。それはスピーチだけに限りません。段階を踏んで、自分の中に「自信を構築する」のです。

②コミュニケーション・スキル

デール・カーネギー・コースの内容の中心は、受講生全員のスピーチです。人前で話すことは、「自信の構築」につながりますし、コミュニケーション・スキルの上達につながることも当然です。コミュニケーション・スキルが磨かれてゆけば、つぎに述べる人間関係のスキル向上にもつながります。またリーダーシップを発揮するためにも大切な要素です。

デール・カーネギー・コースの卒業生で『私はいかに販売外交に成功したか』という本を書いたフランク・ベドガー氏は、つぎのように述べています。

「スピーチの訓練と経験を積んだおかげで、人に接して打ち解けた話ができるようになり、自分自身の力というものをみずから理解するようになり、さらに自分の視野をも広げることができた。これが私の運命を転換する一つの大きなポイントともなったのである」

デール・カーネギー・コースが目ざす話し方は、説得力のある、共感を呼ぶ話し方です。受講生は、スピーチの訓練を通じて自分を見つめ直し、誰もが自信と勇気を持つようになり、そして、他者に影響力を持つ人になってゆくのです。

デール・カーネギー・コースを受講する方の多くが、コミュニケーション・スキルの向上を目ざしています。会議で上手に発言できるようになりたい、プレゼンテーションをより効果的にできるようになりたい、会社の朝礼でするスピーチをもっと上手にやりたい。これらは、いずれも話し手がひとり、聞き手が複数で、パブリック・スピーチと呼びます。これらの要望に、デール・カーネギー・コースがぴったりであることは当然です。

また、セールス・トークを磨いて販売実績をあげたい、とにかく人と話すことが苦手なので何とか克服したい、といった一対一のコミュニケーションの上達を目ざしている方もあります。

こうした明確な目的意識を持って受講される方は、デール・カーネギー・コースの中から多くのことを学び、人前で話すことを楽しく感じるようになって卒業してゆかれます。

実際に、卒業後、ご自身で主宰して話し方の勉強会やスピーチ大会を始めた人もいますし、会社内の朝礼でコースと同様に二分間スピーチをすることにしたという人もいました。

私自身、人前で話したり、初対面の人と話すことが苦手でしたし、今でも得意ではありません。しかし、仕事をしてゆく上で、それらは避けて通れないし、仕事の成果をあげようと考えれば、人を説得し協力を得ることも必要になります。

自分のフィールドを広げ、行動能力を高めようとすれば、どうしてもコミュニケーション・スキルを向上させる必要があるのです。

③人間関係スキル

デール・カーネギーの著書『人を動かす』は、人間関係に関するバイブルとして、多くの人が座右の書にあげています。

デール・カーネギーは当初、話し方教室を主宰していました。そこで受講生たちの話を聞くうちに、彼らの最大の悩みは、話し方の上手下手もさることながら、人間関係がうまくゆかないことだと気づきました。そこで、その悩みを解決する方法を求めて、古今東西の書を調べ、みずからの考えを総合し一冊の本にしたものが『人を動かす』です。

内容はいたって平明、難しい理論が書いてあるわけではありません。きわめて常識的な三〇のルールが書いてあるだけです。しかし、多くの人に長く読み親しまれているのは、それが身近なことを題材にして、具体的かつ実践的に書かれているからです。

私は、労働組合で書記長をしている時、ある組合員との応対を担当しました。その方は、代々の組合執行部に対しさまざまな要望や意見を述べ、厳しい主張をする人でした。私は初めのうちは、受身で対応しており、なんとか手短かに終わらせようとしていました。

しかし、逃げの姿勢ではお互いの関係はいっこうに改善されません。そこで、『人を動かす』に書かれている「誠実な関心を寄せる」というルールにしたがって、態度を変えてみました。その方の主張に対し、誠実に関心を寄せ、真摯に聞く態度をとりました。すると、その方は他の誰よりも組合に期待を寄せており、だからこそ厳しい主張をするのだ、ということがわかりました。

そして、一つ一つ丁寧にお答えし応対してゆくと、先方もこちらの意見に耳を傾けてくれるようになり、お互いに相手の意見を尊重するようになりました。二人の間の壁は取り払われ、親しく話し合えるようになったのです。

デール・カーネギー・コースでは、『人を動かす』に書かれた人間関係に関する三〇のルールを学びます。しかも、そのルールにしたがって、各自が選ぶ特定の個人との関係を、実際に改善するという課題を与えられます。それを一定期間で実践し、レポートすることが課せられます。職場や家庭といった実生活の場で、ルールにしたがって実際に人間関係を改善させてみることによって、単に頭で理解するだけではなく、身についたスキルとして定着させる機会を与えられます。

むろん、トレーニングとして実行したことは、その後の実生活でも、ひきつづき実行しなければ意味がありません。みずからに習慣づけるのです。「習い、性《せい》となる」という言葉があります。習慣がその人の性質となるという意味です。やがて周囲の人はあなたに、こう言うでしょう。「あなた、変わりましたね」。

そうです。「人を変えることはできない。しかし、自分を変えることはできる」のです。

④リーダーシップ・スキル

デール・カーネギー・トレーニングの目ざすものの一つが、あらゆる場面でリーダーシップを発揮できる人材を育成することにあります。

少人数の集まりがあったとして、あなたは、その中で、どのような立場に身をおきますか。決定されたことに従うフォロアー（追随者）ですか。それとも輪の中心で盛んに議論して必死に良い決定を導き出そうと努力しますか。

担当部署の長やプロジェクト・リーダーに選ばれれば、当然リーダーシップを求められます。しかし、肩書きがなくても、担当部署やチーム内で若手のリーダーとして率先してみんなを取りまとめようとしたり、セールスにおいても、大勢の人が関係する商談を先頭に立ってまとめようと思えば、リーダーシップが必要です。

デール・カーネギー・コースが目ざすリーダーとは、肩書きや立場と関係なく、ものごとに積極的に参画し、熱意を持って取り組み、かつ、さまざまな考えを持つ人たちを一つの方向へ向かわせ、協力し合う体制をつくって、目標をやり遂げることのできる人です。その心の働きがリーダーシップです。自立した精神です。

デール・カーネギー・コースでは、リーダーに必要な、ビジョンや目標の立て方、信念の伝え方、熱意を奮い立たせる方法、さらに、説得力を増す話し方や人を動かすルールを学びます。『人を動かす』の中に、USスチールという鉄鋼メーカーの社長に迎えられたチャールズ・シュワップの話が出ていますが、彼が社長に迎えられた主な理由は、彼が人を扱う名人だからだと書かれています。鉄鋼のことなら彼よりも詳しい人が大勢いるが、彼には「人の熱意を呼び起こす能力」があったのです。そして彼自身、それが自分の宝だと自覚していました。

⑤ストレス・コントロール

現代社会においてストレスがないという人は皆無ではないでしょうか。仕事をしていれば、つねに成果を出すことが求められ、期限に追われ、上司からの叱責に耐え、言うことを聞かない部下に悩まされ、お客のクレームに肝を冷やし、心が落ち着くひまがありません。しかも、家に帰っても、家庭が必ずしも安らぎの場ではないのが実情でしょう。

しかし、ストレスを感じていないように見える頼もしい人もいます。同じ職場で、同じ境遇にいるにもかかわらず、自分はストレスで胃が痛い毎日なのに、ある人は生き生きとしていて、どう見てもストレスがないように見える。なぜでしょう。

その人は、ストレスを上手にコントロールしているのです。普通の人がストレスに感じることをバネにして、むしろ前向きに行動しているのです。

仕事をすればするほど、背負い込む責任は大きくなります。それにつれて、ストレスの負荷も重くなります。しかし、そこで屈していては、さらなる成長は望めなくなってしまいます。ストレスをいかにコントロールするかが、成長のための重要な鍵なのです。

デール・カーネギーは、悩みを解決する方法を『道は開ける』という本にまとめています。この本は、「私はどのようにして悩みを克服してきたか」をテーマに、多くの人の体験談をもとに書かれました。したがって、きわめて具体的で、身近な出来事を題材にしており、読む人がわが身をそこに投影しながら読むことができます。

デール・カーネギー・コースでも、受講生がそれぞれ「悩みをいかにして克服したか」についてレポートします。そこで、みんな同じように悩んでいることを知り、それぞれに克服してきているることを知るのです。そうすることで、悩むことが特別ではないこと、『道は開ける』のルールを用いて克服できることを悟るのです。その心構えさえできれば、悩みやストレスにおびえることはないのです。

スキル取得は目的ではない

デール・カーネギー・コースでは、十二週の間にさまざまな実践をとおして、今、述べてきた

「5ドライバー」と呼ばれるスキルの向上を図ってゆきます。しかし、それは目的ではありません。あくまで目的達成のための道具であって、スキルを用いて何をやりたいかが重要なのです。しかもその目的を明確かつ具体的にしなければなりません。

わかりやすい例をとれば、「英語が上手になりたい」ではいけません。「TOEICで七三〇点を取りたい」「外国人からの電話を受けても取り次げるようになりたい」「来年アメリカに留学したい」このような具体的な目的を掲げるべきです。

さらに言えば、「したい」「なりたい」だけではなく、「必ずなる」「私はできる」と信じる取り組み姿勢が大切なのです。

目的と取り組み姿勢がしっかりしていれば、やるべきことは明確になります。本を読んで、または、テープやラジオを聴いて勉強するのか。それとも、英語教室に通って学ぶのか。いずれにしても、何を学ぶべきかがハッキリしているので、知識の習得も効率的になるでしょう。

しかし、知識を得ただけでは意味がありません。その知識を実践に使えなければなりません。TOEIC七三〇点を目ざすなら、問題集をやったり、模擬試験を受けたりするでしょう。外国人からの電話の応対をしたいなら、実際に何回もトライしてみる必要があるでしょう。実際にやってみて、できたところ、さらに習得すべきことがハッキリしてくるのです。実践をくり返すことによって、足りないところをさらに学び直し、向上するのです。

もし可能ならば、その時に、適切なアドバイスをくれるコーチがいると、より効果的に学ぶことができるでしょう。

くり返し実践するうちに自分の血肉となった時、あなたは目的を達しているはずです。

学びのサイクル

デール・カーネギー・コースにおける学びも同じです。

この「目的・取り組み姿勢」から、「知識の習得」「実践」を経て「スキルの習得・向上」というサイクルを、デール・カーネギー・コースでは「学びのサイクル」または「自己啓発のサイクル」と呼んでいます。

このサイクルを目的に合わせて、つぎからつぎへとくり返しまわすことによって、さまざまなスキルを身につけたり、向上させたりすることができるのです。

居心地の良い範囲を出る

自己の成長を目ざし、さまざまなことにチャレンジしようとする場合、「居心地の良い範囲を出る」という心構えがとても重要です。

人はみな楽なほうへと向かうのが常です。すぐに居心地の良い場所へもぐり込みます。無理せずにいられるところに居座ってしまいます。つまり、今までどおりの自分です。

しかし、自己を成長させようとする以上、居心地の良い範囲の外に出なければなりません。居心地の良い範囲にめぐらされたバリア（障害）はとても分厚いかもしれません。しかし、そのバリアの抵抗を撥ねのけて、居心地の良い範囲を出るのです。一度踏み出しても、また押し戻されるかもしれません。意識しつづけていないといつの間にか居心地の良い範囲の中に戻ってしまいます。

その目的を達成できれば、居心地の良い範囲の外にあったものを中に取り込むことができます。そうやって、つぎつぎとチャレンジしつづけることで、自分の「居心地の良い範囲を拡げる」ことができるのです。それが自己の成長ということなのです。

ブレイク・スルー

あなたは、今の自分に満足できず、自分を変えたいと思っているとします。そのために、何か知識やノウハウを身につけてゆこうと考えています。休みの日、通勤の往復に本を読んで……というふうに。その時間感覚、その意欲では、失敗するでしょう。

ブレイク・スルーとは軍隊の用語で「突破」ということです。一気に全力をあげて襲いかかって突破するのです。三カ月でブレイク・スルーだ、という覚悟です。

少しずつ改善してゆこう、ではダメです。甘えがあるのです。それでは結局、決意はどこかに霧消し、忘れられてしまうでしょう。

一気にやり遂げるのです。「ブレイク・スルーするのだ」「居心地の良い範囲を出るんだ」という姿勢を、意識して持ちつづけることこそ、もっとも大切な心構えなのです。

ビジョンを語る

自分の将来像を具体的に描くことはとても重要です。どんな人間になりたいか、何年後にどのような地位にいたいのか、それを明確にしていなければ、漫然と毎日を過ごしてしまうでしょう。

デール・カーネギー・コースでは、三カ月から六カ月後の目標を掲げさせます。なぜならば、今すぐやるべきことに集中すべきだからです。十年後、二十年後の目標も大切ですが、それでは今すべきことの焦点がボケてしまいます。

三カ月後にどうなっていたいのかを明確かつ具体的に明言し、それに取り組んでゆくことで一つのハードルを越える。そこでまた、三カ月後の目標を掲げてそれを乗り越えてゆく。このくり返しによってつぎつぎとハードルを乗り越えて、ついには大きな目標を達成する。そうしたアプローチを取っているのです。

クラスでは、三カ月後に目標を達成している自分になりきって、その姿を描写し、表現します。今五月だとすれば、八月のある日の自分が何をしているかをみんなの前で発表します。何かに取り組んで、努力してそれを成し遂げた姿をイメージするのです。

例をあげてみましょう。

八月三十一日、私は役員会議室で、ある案件のプレゼンテーション（提案）をしているところです。社長、その両側には専務をはじめとする役員が合計六名座っています。社長の後ろの木目調の壁には草花を描いた大きな絵が掛けられています。こちら側には、私のほかにこれまで一緒にこの案件に取り組んできた同僚が三名並んでいます。

私が口火を切り、資料に沿って案件を説明してゆきます。この案件は、自分が上司の手を借りずにひとりで顧客を見つけ、交渉をし、上司に反対されてもあきらめず、長い期間かけてつくり上げてきたビッグ・プロジェクトです。

思えば、この間に交渉は行きつ戻りつしました。そのたびに弁護士や税理士と何度も相談し、説明資料を作っては反対する上司を説得してきました。

この案件を成立させることができれば、一人前の仕事ができるようになったと誇れる仕事です。そう思うと、プレゼンテーションの口調にも強い思いが出て、説明は熱っぽく迫力に満ちています。我ながらみごとにプレゼンテーションは終了します。

社長は顔をあげ、私を見ながら、ゆっくりと拍手をします。

「よくここまでこぎつけることができたな。ごくろうさん」

私は深く礼をしながら心の中で「やった」と叫びました。

このように、三カ月後のある日に、何を成し遂げているのかを、現在形で、明確かつ具体的に表現するのです。十年後、二十年後の話ではなく、三カ月後のことですから、イメージを持ちつづけることは可能です。イメージが明確で具体的であればあるほど、思い描きつづけることが可能です。漠然としていると、三カ月といえども、その間に思いがふらついてしまいます。

●原則1 目標（ビジョン）を具体的に思い描くことができ、それを信じることができれば、必ずそれを成し遂げることができる。

2 人前で話す――あるがままの自分

スピーチを通じた自己啓発

デール・カーネギー・コースのトレーニングの中心が受講生全員のスピーチであること、それによって自信と勇気を養い、人間関係スキルやリーダーシップ・スキルを向上させることなどはすでに述べたとおりです。

デール・カーネギー・コースは、理論を教えるセミナーではありません。受講者に毎週スピーチを実践してもらい、トレーナーのコーチングを受けながら、また、他の受講者の話に啓発されながら、説得力のある、共感を呼ぶ話し方を体得してゆく「トレーニング」なのです。

最初のスピーチは子どものころの話

デール・カーネギー・コースで最初に行なうスピーチの題材は、子どものころの話です。このテーマなら誰でも、思い出話が一つや二つあるものです。

話しが苦手だという人の大半は、実は話し方に問題があるのではなく、話すべきことを明確にできないことに問題があるのです。何を話すかがはっきりすれば、人前で話すことはたいして難しいことではありません。そういう意味で、最初のスピーチのテーマは、誰でも話せる子どものころの話にしています。

思い出を話すことを、極端にいやがる人がいます。人に話せるほどのいい思い出がなく、恥ずかしいというのです。人よりいい話をしようとか、つまらない話だとバカにされるのではないかとか、そんな気持ちもあるようです。そういう人は、自分をさらけ出す勇気を持ってください。人の目を気にしすぎず、ちょっとぐらい恥をかいてもいいと覚悟してください。自然に、率直に、「あるがままの自分」を出して一生懸命やればいいのです。

ここでのポイントは、こまかいところまでリアルに話すことです。子どものころの思い出は、鮮やかに頭の中に思い描けるものです。何歳の時だったか。場所はどこだったか。そこには誰がいたのか。自分は何をしていたか。周りの人たちは何をしていたか。そして何が起こったのか。

走馬灯のようにその時の情景が思い浮かびます。それを話してもらうのです。

ありありとリアルに情景描写できると、話は生き生きとしてきます。聞いている人も、頭の中にその情景を具体的にイメージすることができ、話し手と一緒になって追体験しながら聞き入ってしまうのです。

その場の情景と出来事を豊かに描写したあとで、その時どう思ったのか、今思うとそれはこういうことだったといったまとめの言葉で締めくくれば、それで一つの話ができ上がるのです。


私の例をあげてみましょう。

私は、小学六年生の時、町内野球チームのキャプテンでした。しかし、ワルガキ三人組がいて、彼らが私をキャプテンから引きずり下ろしました。

「おまえみたいな下手な奴がキャプテンだからうちのチームは弱いんだ。これから俺がキャプテンをやる」

その中のひとりの長内くんが言いました。私は悔しくて、もうどうにでもなれという気持ちで言い放ちました。

「いいよ。勝手にやればいい。俺はもう知らない」

それ以降、長内君が、監督に何も言わずに勝手にキャプテンとして振る舞うようになりました。

それから少し経ったある日、下級生の小山君の家に行った時のことです。真夏の夕方でした。日が長くてまだ明かりをつけていない薄暗い玄関口で、小山君のお母さんに呼び止められました。

「中島君、キャプテン辞めちゃったの。長内君じゃだめよ。彼では小さい子を安心して任せられないわ。中島君がきちんとやらないとだめよ」

その言葉にどう答えたのかは覚えていません。たいへんな失敗をしたという自責の思いと、しかし、自分がやらなければいけないんだ、任されているんだ、という責任感を感じたのは事実でした。

そして、まだ監督にキャプテン交替を言っていなかったことから、長内君の自称キャプテンにつき合いながらも、私は公式のキャプテンを続けてみんなをまとめてゆきました。

仕事をする上で大切なことの一つは、責任感を持って望むことだと思います。この話を思い出すと、自分は子どものころから責任感だけは強かったのだなあと思います。実は今の私も、責任感が原動力となって仕事をしているようなところがあるのです。

私の記憶には、小山君のお母さんと話した場面がありありと残っています。真夏の夕暮れ、薄暗い玄関、たしなめるような口調で言われた様子、それらをまず、まるで写真かビデオで撮ってあったかのようにイメージするのです。それをそのまま言葉にして話せばいいのです。

良い面にスポットをあてる

実はこの話は、必ずしもいい思い出ではありません。私にとって、キャプテンを引きずり下ろされた話は、実際には自分の心の中では苦い思い出なのです。いじめっ子にいじめられて好き勝手にされた話です。いじめっ子につき合いながら、しぶしぶ優等生として課せられた仕事をやったにすぎません。だから本当は、人に自慢できる話ではないのです。

思い出の中には、楽しい思い出ばかりではなく、苦々しい思い出、つらい思い出、悔しい、暗い思い出などもあります。

しかし、考えてみると、そうしたいやなことも乗り越えて今の自分があるのです。それを乗り越えた自分がいるのです。いやな思い出をなぜ覚えているのでしょうか。実は、それを自分の成長の中で飛び越えてきたハードルの一つとして大切に思っているからなのです。つらかったことほど覚えているのは、それこそ自分が乗り越えてきた大きな軌跡だからです。

キャプテンを引きずり下ろされたいやな面をクローズアップすれば、苦い思い出になってしまいます。しかし、小山君のお母さんに言われて、責任感からキャプテンを続けたということにスポットをあてれば、けっして卑下する話ではありません。

実際、私は今の仕事の中で、つらくなったり、続けるのがいやになった時に、それでも投げ出さずに、最後まで何とかやり遂げる動機づけになっているのは、責任感です。そう考えると、この思い出話もまんざらでない話となるでしょう。

逆に、いやな思い出としてスピーチしたら、どうでしょう。まず、聞き手の多くは、そんな不愉快な話は聞きたくないと思うものです。また、話し手自身がみずからを否定的にとらえていることになります。自分自身を否定的にとらえることは、絶対にしてはいけないことです。マイナス思考がいつのまにか身についてしまい、人生を決めてしまうからです。

いやな思い出もポジティブに考え、その出来事の良い面にスポットを合わせてみましょう。そうすると、そのいやなことを乗り越えてきた自分に自信が持てるようになり、良い経験だったと思えるようになるでしょう。

達成感を味わう話

デール・カーネギー・コースでは、おとなになってから、何か目標に向かって努力し、ついに達成した話を二分間でしてもらいます。達成感を味わうことで、自信を持つためです。例をあげてみましょう。

私が会社に入って二年目の夏のことです。学生時代のバンドの仲間が集まって、コンサートをやろうという話になりました。大学で軽音楽サークルに入っていましたので、その時の仲間で二つのバンドをつくり、ライブハウスを借り切って、コンサートをやることにしたのです。準備期間は三カ月。その間に場所を借りる手配をし、チケットをつくり、メンバーを集めました。みんなバンドをやりたくてしかたがなかったので、大いに盛りあがりました。そして、一年半ぶりに練習を始めました。

ところが、バンドのメンバーはみな社会人で、仕事がものすごく忙しい。平日の練習はまったく無理であり、しかも当時は土曜日も休みではなかったので、日曜日にまとめて練習をすることにしました。しかし、それでも休日出勤があったり、断れない会社のゴルフコンペが入ったりで、いつまでたっても全員揃っての練習ができませんでした。

このままではコンサートに間に合わない。人前に出せる内容にまで仕上げきれないと思わざるを得ませんでした。あせりにあせった私は、「コンサート直前に連休があるが、そこだけは全員空けてくれ、合宿をしよう」と提案しました。

そして、学生時代に利用した旅行代理店に行って合宿所を予約し、スケジュール表をつくり、二日間ですべてを仕上げる計画を立てました。

楽しい合宿でした。しかも目標がはっきりしていましたから、みんな熱心に練習しました。時間さえあれば、みんな「むかし取った杵柄《きねづか》」で、調子を上げ、何とか本番に間に合わせることができたのです。

社会人になると学生時代の仲間とも時間を合わせることは難しくなります。しかし、コンサートという目標を共有することで、打開策を見出し、一致団結することができました。そして、コンサートを盛況のうちに行なうことができたのです。みんな充実感いっぱいのコンサートでした。

みなそれぞれに、目標に向かって努力し、それをやり遂げた話がいっぱいあります。日ごろはあまり思い出したり、考えたりしないものですが、誰もが達成者なのです。

学生時代に苦労に苦労を重ねて研究論文を仕上げた話、自分が中心になって商品開発をやり遂げた話、苦難の末にやり遂げたプロジェクトの話、セールスの実績をあげて社長賞をとった話、寒さと雨の中で目的の山を踏破した話、マラソンに挑戦して練習を重ねやっとのことで完走した話などもあるでしょう。みんないろいろな分野で達成者なのです。

私たちは達成者であることを忘れてはいけません。

自信と勇気を持つ

デール・カーネギー・コースでは、自分のことを人前で話すことをとおして、自信と勇気を身につけることを目的の一つとしています。

トレーニングが終わったあとの帰途で、今まで話しかけてきたことのない受講生から、「私も学生時代、ロックのバンドをやってましてね。今日のスピーチ、おもしろかったですよ」などと話しかけられることがあります。聞き手が話し手に対して共感を持ち、親近感を抱いてくれるようになるのです。聞き手とのラポール（関係）を築くことができたのです。こうして人前で話すことに自信を持ち、人前に出る勇気を身につけることができるのです。

良い話の三要件

デール・カーネギー・コースでは、「自分のことを話す」というルールがあります。それは、「自分のことを話す」ことが、デール・カーネギーが掲げる「良い話の三要件」にもっとも合致しているからです。

「良い話の三要件」とは、つぎの三つです。

①研究や経験をとおして「話す資格」を獲得したこと。
②自分が夢中になれること。
③是非話したいと思っていること。

第一の要件「話す資格」とは、どういうことでしょう。本や新聞で読んだ話や、人から聞いた話の受け売りはだめです。あなたはその内容を「話す資格」を持っていないからです。読み聞きした話に自分独自の考察を加え、自分のものにした時には「話す資格」ができるでしょうが、聞いた話を右から左に話すだけでは、聞き手の共感を得られないのです。

それに対して自分が経験した話、体得した話は説得力があります。自分で一生懸命に研究したり、何かに真剣に取り組んで得た結果を話す場合も、真に迫る話ができるでしょう。説得力があり、聞き手の共感を得られる話は、まず話すに足る経験や研究を行なってきた結果から生じた題材でなければならないのです。

第二の要件としては、自分自身がおもしろいと感じていること、夢中になれることを話の材料にしなければなりません。話し手自身が話の内容について冷めているのでは、聞き手に共感を呼び起こすことなどできません。

そして、最後の要件がもっとも大切です。是非みんなに話したいと思っていることでなければ、聞き手に伝わりません。話したい、聞いてほしいという思いがなければ、話す必要などないのです。話に思いを込めなければ、熱を込めなければ、人を納得させ、共感させることなどできないのです。

話の上手な人は、自分の話を自分でおもしろがっていませんか。そして、少々押し付けがましいくらいに聞かせようとしてきませんか。話の上手な人は、自分自身がこれは興味深い話だという確信を持っており、しかも、他の人にもこの良い話を伝えたいという思いが発せられているものです。

人の話を聞く

デール・カーネギー・コースでは、毎週全員がスピーチをするので、クラスメンバー二〇〜三〇人分の話を毎週聞くことになります。自分の話を考えることで頭がいっぱいになっていると、とても他の人の話を聞けないのですが、実は自分で話をする以上に、話を聞くことがたいへん勉強になります。

強く印象に残った話をどうしておもしろかったのかと考えてみると、自然と話し方のコツを掴むことができます。たとえば、Aさんは会話を採り入れているとか、Bさんは話の最後に要点を絞り込んでまとめている、などと気づきます。

「学ぶ」の語源は「真似ぶ」であるといわれます。いくら本を読んでも、話し方は上手になりません。上手な人の話をよく聞いて、真似てみる、良い点を自分の話し方に盛り込んでみることがいちばんの学習法なのです。ですから、聞くことがとても大切なのです。

あるがままの自分

人の話を聞いていると、人それぞれにいろんな人生があるし、性格もさまざまであることに気づきます。何が良くて何が悪いなどとは言えません。十人十色なのです。一方、みんな同じように苦しみ、同じように頑張っている。みんな頑張っているから、自分も頑張ろう。そんな思いに駆られるのです。

最初クラスで顔合わせした時には、他の人が立派に見えて気おくれするものです。でも、話を聞いていると、自分自身も隣の人も特別な存在ではないと感じるようになります。そして、自分のあるがままを肯定できるようになるのです。自分自身を客観的に評価できるようになり、ついには他の人のことも受け入れられるようになるのです。

自分のことを話す場合、自分のすべてをありのままに、衒《てら》いも恥ずかしげもなく話さないと、人の共感を引き出せないこともわかってきます。

つぎに、私が「あるがままの自分」をさらけだして人に向かっていった事例をあげて、説明してみます。

私が、社内で他部署の部長のところへ行って、案件の説明をした時のことです。私は現場の窮状を訴え、この案件を進めることが、社員の士気を高め、次年度の成果に結びつけるためにも、どうしても必要であることを訴えました。

しかし、先方の部長は、会社の状況、リスクの度合いなどから、その案件に投資することはできないと、正論でもって反対してきました。私は杓子定規に正論を振りかざす論法に腹が立ちました。確かに正論だが、それでは何もできない。座して死ねと言われているようなものだと感じましたが、それには反論せず、現場がこの案件にかける意気込みを切々と訴えました。

しかし、部長は正論をくり返し、ついには私を罵倒するかのように語気を強めて自説をとうとうと述べはじめました。私は、後輩たちのいる前で恥をかかされている思いがしてかっとしてきました。そちらが高圧的に出るなら、こちらも言いたいことをぶちまけてやるぞと、頭の中で反論を思い巡らしました。

しかし、思いとどまりました。言い争いをしても何も得られることはないはずだ。たとえ、恥をかいたとしても、自分なりのやり方でやろう。部長のように、相手を言い負かして主張を通すのではなく、あくまで相手に納得してもらい、一つの結論にたどりつこう。たとえ卑屈に見えても、たとえ後輩たちに馬鹿にされようとも、それが自分のやり方ではないか。そこで私は、相手に反論することをやめて、むしろ同調したのです。

「確かにおっしゃることは正しいと思います。この案件をやれるような状況にないことは理解しています。しかし、頭ごなしに『だめだ』では、ここまでやってきたみんなも納得してくれません。やれる環境をつくり出したいので協力していただけませんか」と、頭を机にこすりつける思いで、最後のお願いをしたのです。

すると、相手も「何が何でもだめだとは言っていない。一つの条件をクリアしてくれれば、やってもいいよ」と条件を出してくれたのです。そこで、みんなで、案件を通すためにこの条件をクリアしようと必死になって動きました。そして何とかその条件をクリアして案件を実行できる形を整えることができたのです。

私は、相手の部長から罵倒されている時、それを見ている後輩の目を気にしました。屈辱で顔が赤くなっているのがわかりました。その時、私が怒りの感情を爆発させて口論していたらどうなっていたでしょうか。部長と口論することで、後輩に対してはメンツが立ったかもしれませんが、議論は収拾がつかなくなって、案件はつぶれたでしょう。それをしなかった、その時の私は、その意味では敗者です。

しかし、私のやり方は違います。罵倒され、議論でやり込められる恥ずべき状況をも受け入れ、卑屈に見えるかもしれないけれど、言い争いはせずに、ただその案件を実行したいという強い思いと、後輩たちも同じ思いだということを誠実にぶつけました。それが私の「あるがまま」

なのです。結果は、良い方向へと着地しました。

しかし、その結果よりも、私が自分自身にとって良かったと感じたことは、人の目を気にせず、目的に向かって「自分のあるがまま」を裸にできたことなのです。人前で赤裸々に自分の思いを表現できたことなのです。

私たちは、どうしても人前ではカッコを気にしてしまいます。しかし、あるがままの自分で勝負することが、いちばん強いし、自分にとっても楽なのです。

自分は、過去のさまざまな経験や学びをとおしてできた自分なのです。他の人のやり方と違っても仕方がないことです。他の人がどう思おうと私は他の人にはなれないのです。一方で、他の人だって、私と同じやり方はできないし、私がどう思おうとその人はその人でしかないのです。

自分のあるがままで勝負しましょう。人とむやみに比較せず、人の目を気にしてばかりいないで、まず、自分が自分らしく振る舞いましょう。そうすれば、自分の強さも弱さも見えてきて、自分の強さで勝負できるようになります。

パブリック・スピーチにせよ、座談にせよ、一対一の話にせよ、話の苦手な人とは、往々にして「あるがままの自分」を恥じ、隠そうとしている人であることが多いのです。「文は人なり」といいますが、話すことは書くこと以上に自分をさらけだすことなのです。

●原則２　自分らしく振る舞うためには、「こういうふうに見てほしい」という気持ちを忘れさえすればよい。

3　説得力を増す

準備がすべて

前項で述べたことは、「話す」ことの基本です。デール・カーネギー・コースが目ざす話し方は、より説得力があり共感を呼ぶ話し方です。当然のことと思われるかもしれませんが、デール・カーネギーが求めるレベルはとても高いものです。ここでは、もう一段階レベル・アップして「説得力を増す」方法を述べることとします。

説得力のある話をするためにまず必要なことは、話す内容について熟知していることです。誰しも経験があることと思いますが、自分がいちばん知っていると思えることは自信を持って主張できるし、どんな反論にも耐えられるものです。ところが、思ってもいなかった観点から反論され、その点について調べていなかったり考えが足りなかった場合には、反論に屈してしまうものです。

デール・カーネギー・コースでは、課題を与えて三週間のうちに実際にやってきたことをレポートするセッションが何回かあります。このレポートは、課題をどの程度真剣に実践したかが如実に現われます。

どんなに話が上手でも熱心に実践をしていないと話の内容に深みが感じられず、聞き手に共感を与えません。薄っぺらな話に聞こえるのです。一生懸命実践してきた人の話は、話し方がさほど上手でなくても、実践した努力に裏打ちされていますから、聞き手の心を打つのです。実践がつまりスピーチの準備にあたるわけです。

例えば会社の仕事で、ある企画をプレゼンテーションする場合も、企画自体はもちろん、説明の中にはいっていない周辺知識まで勉強して準備します。

より説得力があり共感を呼ぶ話し方をするためには、まず充分な準備を心がけましょう。誰よりも自分がいちばん知っていると信念を持って話せるようにしましょう。そうすれば、上司を説得することも、部下を納得させることもできるでしょう。大勢の人の前で話す時にも聞き手をひきつける話ができるでしょう。

具体的であること

かしこまった席で話をする時に、抽象的なことばかり話をする人がいます。きちんとした話をしようとすると、概念的なことばかりに終始してしまう。論理的には正しくて非の打ちどころがないけれど、誰の心にも響かない。そんな話をよく聞かされます。

例えばこんな話はどうでしょう。

学校の勉強についてやる気を起こさない子どもに対しては、何らかの動機づけをするのがよいでしょう。そのためには、良い点を取ったらほめてあげたり、場合によっては何らかのご褒美をあげる。友だちと競わせてみたり、点数をグラフ化して成果を見えるようにすることなどがよいでしょう。

ごもっともな話ですが、具体性に欠けます。総論や抽象的なことばかりでは共感は絶対に得られません。

わが家では、漢字と計算のドリルを毎日一ページでよいから必ずやることを日課にさせています。そして、子どもを「漢字博士」「計算名人」と呼んであげています。また、漢字と計算のテストで一〇〇点を三枚とると、カードゲームのカード、一袋一〇〇円を買ってあげたりもしています。

勉強に興味を持ってもらうために、まず漢字と計算だけでよいから頑張らせることに終始しています。その結果、学校で習っていない漢字でもテレビなどに出てくる漢字には興味を持って親にたずねてきます。計算にも自信を持っているようです。

勉強に関心を示さない子どもには、まず漢字と計算だけ毎日やらせましょう。そして、賞賛の言葉をかけ、ご褒美も与えてみてください。そうすればみずから好奇心を持ち、自信もつけるでしょう。

具体的な実例やデータを基軸にして話をすると説得力を増す話になります。

視覚の重要性

話している姿勢や態度、手ぶり身ぶりなど、視覚的な効果も重要です。

ＵＣＬＡのメリビアン教授が調べたところによると、聞き手に印象づけられる最大の要素は見た目であるということです。言葉から受ける印象は七％にすぎず、声のトーンが三八％、そして視覚から受ける印象が五五％なのだそうです。

話を印象づけるためには、いかに話すか以上に、いかに「演じる」かが重要なのです。

ある講演者が、壇上で一時間にわたり、立ちっぱなしで熱弁をふるい、水も飲まずに汗をいっぱいにかきながら話したとしたら、その熱意に打たれるものがあるでしょう。

「大きな玉を山の上から転がして……」と話しながら、両手をいっぱいに広げて球体を手ぶりで示し、身ぶりで山から転げ落ちるさまを表現したとしたら、ただ口先だけで話しているよりも、リアルにその情景が聞き手に迫るのではないでしょうか。

聞き手の頭の中にイメージがわかるように話すことが重要です。そのために言葉だけでなく、熱狂的な態度で話したり、ジェスチャーを交えてまるで写真かビデオにおさめたものを再現するように表現する。そうすることで聞き手は鮮烈なイメージを受けるのです。

証拠を示す

つぎに、証拠を示すことです。デール・カーネギー・コースではつぎの七つのいずれかを使って証拠を示しなさいと教えています。英語の頭文字をとってＤＥＦＥＡＴＳと言っています。

Demonstration　デモンストレーション（実演）
Examples　実例
Fact　事実
Exhibit　展示物
Analogies　類似例
Testimonials　証言

Statistics　データ

ＤＥＦＥＡＴＳによって証拠を示すことは、パブリック・スピーキングはもちろん、仕事上のプレゼンテーションの場においても、話の説得力を増す上でたいへん有意義なものです。

マジック・フォーミュラ

落語家やコメディアンは人を楽しませ、笑わせるために話します。しかしパブリック・スピーキングの場合は、話し手は自分の考えを聞き手に納得させ同調させようとして話します。まして仕事上のプレゼンテーションやセールスの場では、相手を説得しようと思って話をします。

したがって、論理的で説得力があることと、感情的にも共感できることが必要条件になるわけです。どんなに論理的に正しくても、どうも攻撃的な口調が不愉快だということでは困るし、逆に、印象的な話でおもしろいと思うのだけれど、話の辻褄が合っていないということでも困るのです。

そこで、デール・カーネギー・コースが推奨している、より説得力があり共感を呼ぶ話し方のマジック・フォーミュラ（魔法の公式）があります。

まず、具体的な「出来事」や実例を話す。この時には、ＤＥＦＥＡＴＳを用いましょう。また、手ぶり身ぶりやジェスチャーも使って、聞き手の頭の中にイメージしやすいように話しましょう。その上で締めくくりに、「促すべき行動」とそうすることによって得られる「利益」を話します。

例えばつぎのように話します。

私は毎朝Aさんに「おはようございます」と挨拶をしているのに、Aさんはいつも顔をあげず言葉だけで「おはよう」と返事をします。とても不愉快です。そこで、なんとかしてAさんの顔をあげさせ、お互い笑顔で挨拶をすることができないかと考えました。

私はいつもスーツの上着を椅子の背もたれにかけているのですが、Aさんの机の横にハンガーをかけるところがあるのです。そこで私はある日から毎朝わざわざAさんの横まで行って背広をハンガーにかけ、Aさんの真横で顔を覗き込むようにして「おはようございます」と声をかけることにしました。すると、さすがのAさんも私の顔を見て挨拶を返してくれました。

これを毎日続けました。面倒ではあるのですが、毎朝Aさんの横まで行って、背広をハンガーにかけ、Aさんに挨拶をしました。十日くらい続いたころのことです。その日は朝から忙しくて背広をハンガーにかけに行かず、椅子の背もたれにかけてしまいました。すると、しばらくしてAさんが私の机に寄ってきて、「おはよう。今日は背広をハンガーにかけないのかい？」と話しかけてきたのです。ついこの間まで、きちんとした挨拶も返してくれなかったAさんが、向こうから挨拶をしてくれたのです。

そこで皆さんにお勧めしたいことは、ろくな挨拶も返してくれない人には横まで行って挨拶をしつづけましょう。

そうすれば、相手も進んで挨拶をしてくれるようになります。

この話では、「そこで皆さんにお勧めしたいことは……」が聞き手に「促す行動」です。「そうすれば……」がそうした場合に得られる「利益」です。


会社の上司が部下に説教をする時、よく「俺が若いころは……」と具体的な出来事や実例を話してくれることがあります。しかし多くの場合は、昔話で終わってしまいます。実体験を話すことで何かを得てほしいと思ってのことなのでしょうが、聞いている部下は、何分間も昔話を聞かされていやになって終わっているのではないでしょうか。

実体験の話はとても示唆に富み有意義な話のはずです。それを部下の行動につなげるためには、行動を促すことが必要です。そこで、話の締めくくりに、部下に促す行動とその利益をきちんと提示してあげたらどうでしょうか。それでうまくゆくなら上司の言うとおりにやってみようかという気にさせることができるのではないでしょうか。

ただし、最後の締めくくりが社長訓示のようになっては説得力がありません。先ほどの挨拶の話で言えば、この締めくくりに「職場ではお互いに朝の挨拶をきちんとすることから始めましょう。そうすれば、規律のある会社の雰囲気が保てます」と締めくくるとどうでしょう。お題目だけ並べた説得力のない話になってしまいます。

聞き手のひとりひとりに具体的な行動を促し、具体的な利益を示すことが大切です。

即興で話す

事前に話すことが決まっている場合には、きちんとした準備ができます。しかし、突然話すことを求められる場面も多々あるのではないでしょうか。会議の席上で意見を求められたり、会合の中で突然何かひとことと言われることもあるでしょう。

即興で話をする場合も基本は同じです。自分がこれまで経験してきたこと、調査・研究してきたことが、その場で話すための準備だったのだと考えてみてください。与えられたテーマに関して自分のこれまでの経験から思いつくことを話しましょう。もっともらしいことを話すために自分の経験外のことを話してはいけません。

例えば、教育がテーマだとしましょう。日ごろ特別な調査研究をしていないのに、「最近の教育界の風潮は……」と新聞か何かで読んだ知識でもって話をしてはいけません。それなりの話はできるとしても印象深い話にはならないでしょう。

それよりも、「自分が小学生だった時は……」といったように、自分の経験から出た話をすべきです。そのほうが聞き手の共感を得られるし、示唆に富んだ話に発展できる可能性があります。

このような時にも必ず具体的な出来事や実例を話すことから始めましょう。教育と聞いて思い出す出来事や実例を話しましょう。その上で、その実例から自分の考えを導き出し、話をまとめるようにすれば、よくまとまった即興の話になるでしょう。マジック・フォーミュラにしたがって「行動」と「利益」で締めくくれたら、ベストです。

即興で話す場合の最大の問題は、その時のテーマに沿った実例が思い浮かぶかどうかです。しかし、きちんとした話をしようという思いが強すぎると良い実例を思いつくことが難しくなります。テーマそのものに応える内容でなくても、そのテーマから思いついた話でいいのです。

例えば、M&A（企業買収）がテーマだとします。M&Aについては深く知らないが不動産売買ならいくつも経験していてよくわかるという場合には、「不動産売買の場合、そういう時に……します。同じようなことに注意すべきではないでしょうか」というように、自分の経験からの実例を話して意見を述べるとよいのです。

聞き手に共感を呼ぶ話は、テーマに合った浅薄な知識による話よりも、テーマとは多少ずれていても実例に基づいた話のほうなのです。

●原則3 話し手が、頭にも心にも本物のメッセージ――話さずにいられないもの――を持っている時、そのスピーチは成功したも同じである。

4 人を動かす

批判も非難もしない、不平も言わない

「何度言ったらわかるんだ。どうしてこんな常識的なことをきちんとやってくれないんだ」

会社の後輩A君に向かって、何度この言葉を言ったでしょうか。

私はA君とパートナーを組んで、ある案件に取り組んでいました。私は必死でその仕事を完遂しようとしていたのですが、A君はそれに応えてくれない。少なくとも私にはそう感じられました。

A君は、頭はいいのでしょうが、自分の世界に入り込んで一人よがりな仕事をするビヘイビア

（行動傾向）がありました。人と協調して、相談しながらまとめ上げてゆくことができないのです。私にとっては、迷惑なパートナーでした。仕事を頼んでも、まともにやってくれたためしがない。話し合いをしても、お互いに話が通じ合わない。忙しくて細かいところまで見てあげられない私にも責任がないわけではないのですが、あまりにも波長が合わなすぎました。

そんなことで私は、A君を非難することが多くなっていました。できれば彼を無視して仕事を進めたいのですが、組織上そうもゆかない。彼のやった仕事の後始末や彼のことを考えるだけでイライラしていました。

しかし、ある時『人を動かす』のルールを思い起こして考え直しました。彼を無視して仕事をすることができない以上、これからは愚痴を言うまい。彼に何とかある程度の仕事をしてもらうように働きかけよう。少なくとも怒ってばかりいるのは建設的ではない。怒らず、愚痴らず、励ましながら仕事をしてもらおうと決めました。

私たちは、何らかの目的を遂げようと行動する時に、まったく人と関らないでやり遂げられることは少ないと思います。その時に、苦手なタイプの人と接することもあります。しかしその人とうまくやってゆかなければ円滑に物事が進まないとしたら、何とかしてその人との人間関係を良い方向へもってゆかざるを得ない。人間関係を改善しなければならないのです。

A君との関係が、その後どうなったかは、のちに述べるとして、カーネギーのルールを紹介しましょう。

人間関係のルール

デール・カーネギーの著書『人を動かす』には、人間関係を改善するためのさまざまなルールが書かれています。特に、『人を動かす』の第一章と第二章に書かれているつぎの九つのルールは、人間関係を伸ばすためのルールとして、とても汎用性のあるものです。

1　批判も非難もしない。不平も言わない。
2　率直で、誠実な評価を与える。
3　強い欲求を起こさせる。
4　誠実な関心を寄せる。
5　笑顔で接する。
6　名前を覚える。
7　聞き手に回る。
8　相手の関心を見抜いて話題にする。
9　重要感を与える——誠意を込めて。

デール・カーネギー・トレーニングでは、これらのルールを学ぶだけではなく、実践してもらいます。

誠実な評価を与える

さて、先ほどのA君については、その後も悪戦苦闘しました。どうして人に相談しようとしないのか、と腹が立ったり、機械的な受け答え方にイライラすることもありました。しかし、グッとこらえて愚痴を言わず、むしろやってくれた仕事について、良いところを探してほめることにしました。どうしても見つからない時には、とにかくやってくれたことを評価して、ねぎらいの言葉をかけることにしました。もちろん、至らないところは指摘し、正すべきことは正しましたが。

私がこのように態度を変えると、不思議なことに、A君のほうから、自分の至らなさを謝ってくるようになりました。そして、私が出した修正の指示を必死にやろうとする姿勢が見えてきたのです。そして、「ここはどうしますか?」「これはこうでいいですか?」などと相談してくるようになりました。

『人を動かす』の一番目のルールは、「批判も非難もしない。不平も言わない」ですが、このルールは『人を動かす』の中で、最初にして唯一の否定形の文章です。

相手のことを批判し非難しつづけながら、どうやってその人と仲良くなろうとするのでしょうか。人間関係を良くしようとするのならば、いつまでも不平を言っていては始まらないのです。

二番目のルールは「誠実な評価を与える」です。悪く言うのをやめたら、つぎは良いところを探してほめてみましょうという勧めなのです。

どんな人にも良いところは必ずあります。どんなにひどい仕事ぶりだと思っていても、その気になって探せば、二つや三つは必ず良いところ、頑張っているところが見えてくるものです。それを評価して、相手に賞賛の言葉で伝えるのです。

人はみな、他の人に評価されたいという欲求を持っています。評価されるととてもうれしいものです。相手の良いところを評価してほめることで、断絶していた相手とラポール（関係）を築くことができ、つかず離れずの関係だった人と信頼関係を結べるのです。

ここで注意したいのは、カーネギーが、「評価を与える」の前に、「誠実な」という言葉を添えていることです。おべんちゃらやおだてではないのです。心にもない言葉は、相手に見ぬかれます。「心から誠実に」が大事なのです。

強い欲求を起こさせる

A君の話の続きをしましょう。確かに、A君は素直に謝り、素直に指導を聞くようになりました。しかし、謝って、直してもらって、それをやっていればいい、つまり言われたとおりにやっていればいいという雰囲気が見て取れました。私はまた不満を覚えるようになりました。どうしたら、みずからのこととして責任を持った仕事をしてもらえるだろうか。どうしたら自発的に考え行動して仕事を進めてくれるだろうか。そうしてくれないと私の仕事が回らなくなってしまう。

私は、A君に、自分がA君と同じ年齢のころの話をしました。

「私が君の年次の時には、自分ひとりでXという案件を担当し、上司に怒られノイローゼ気味になりながらも、最後までやりつづけたぞ。君だって高い能力を持っているし、前の部署で訓練も受けてきているのだからできるだろう。

特に君が前の部署でやっていた仕事なんか、私はやったことがないし、私にはできないよ。そのノウハウを活かして、この事業計画をひとりでつくってみないか」

「君も私の下請けの仕事ばかりしているのではつまらないだろう。一つのパーツでいいから自分ひとりで完結させてみないか。初めから終わりまで自分ひとりでやることで今までと違う経験もできるし、自信もつくぞ。プランができ上がったら一緒に行ってあげるから、君から部長に説明してみろ」

「君しかこの仕事をできる人はいないんだ。私もその部分はすべてを見ているわけではない。

すべてを見て、わかってる人は君しかいないんだ。君が最後の砦なんだぞ」

その結果はというと、彼は毎日夜遅くまで残業して計画をつくってくれました。計画ができ上がると熱を出して倒れてしまうまで頑張ってくれたのです。

私は、『人を動かす』の三番目のルールである「強い欲求を起こさせる」を意識して、A君のモチベーションを上げようと考えたのでした。何らかの動機づけを相手に与えることができれば、相手はこちらに対して自発的に協力をしてきてくれるでしょう。

相手が子どもだったら、物で動機づけするのも良いでしょう。手伝いをしてくれたら、おもちゃを買ってあげようとか、見たいテレビを見たかったら、先に片づけをしなさいといったような動機づけの仕方はどの家庭でもあるでしょう。

おとなの世界、ビジネスの場ではどうでしょうか。基本的には同じです。ただ、おとなが欲しいものは、上司や同僚の評価であったり、やり遂げることの達成感であったりするという違いがあるだけです。

ルールの実践

人間関係スキル向上の核心は、「意識的に努力すること」にある、と言っても過言ではないかもしれません。どんなに学んでも、実践の努力なしには、何も得られないからです。

デール・カーネギー・コースでは、人間関係をより良くしたい相手をひとり決めて、一定期間で『人を動かす』のルールを用いてその相手にアプローチするという課題を与えられます。その相手は誰か？　今どういう関係にあるのか？　その関係をどのように改善・強化したいのか？　そのためにどのルールに基づいて、具体的にはどのようにアプローチするか？　これらのことをあらかじめクラスのみんなの前で誓約してもらって、二、三週間で実践してもらい、結果を報告してもらいます。例えばこうです。

Aさんは営業部長です。実践の相手として監査部長を選びました。二人の仲は最悪で、何とか協力関係を築きたいと思っています。カーネギーのルール「相手の関心を見抜いて話題にする」を実行してみました。

私は営業部長をやっています。監査部の部長とこれまで犬猿の仲でした。仕事の関係上、どんどん案件を進めたい営業部と、リスクを計算して何かと注文をつける監査部は、どうしても水と油の関係です。意見が対立し言い争いになることが多くありました。

これまで私たちはビジネスの意見を戦わせてばかりで、あまりそれ以外の話をすることはなかったのですが、ある時、私は監査部長と共通の趣味を持っていることを知りました。お互いに犬を飼っていて、二人ともデスクに愛犬の写真を置いているのです。

私は監査部長の部屋に行った機会をとらえて、愛犬の話を始めました。写真を見ながら、いつから飼っているのか、何歳なのか、散歩には誰が連れて行っているのか、等々いろいろと監査部長の愛犬にまつわる話を聞いてあげました。

さらに、仕事の話に入っても、監査部としての意見をまず聞いて、その一つ一つには反論せず、ひととおり聞いて相手の意見に理解を示した上で、逆に営業部の実情と懇請を述べるようにしました。すると、愛犬の話でなごんでいた雰囲気も手伝って、監査部長も営業部の主張に対して理解を示してくれるようになりました。それまで、何かといえば、双方が自分の部の主張を言いつのってきたことから考えると、信じられないようなミーティングでした。

先日、これまでは相談にも乗ってくれなかった案件について、満を持して監査部長に意見具申をしました。きっと、反対されるだろうと思っていたのですが、監査部長は反対するどころか、その案件を社内で通しやすくするためにはこうしたらいいだろうと修正案を出して協力してくれたのです。

人間関係を良くしようと考えたら、何かそのきっかけになるものはないかと頭をひねり、自分の主張はあとまわしにして、相手の意見に耳を傾けるなど、それまでとは違った言動を取る努力をしなければなりません。これまでと同じことをしていては、同じ結果しか招きません。

『人を動かす』に一貫して流れている考え方は、「相手の立場に立って考える」ということです。相手に誠実な関心を寄せ、誠意をもって感謝したり、賞賛したり、激励したりする。相手の意見を真摯に聞き、相手に信頼を寄せる。こうした誠意ある言動が、相手の共感や信用を勝ち取ることにつながるのです。

相手との関係を良くしたいと常に意識して、こちらから相手にアプローチする努力を欠かさない。アプローチの際には、相手の立場に立って考え、相手のための行動をする。これこそが、「人を動かす」極意ではないでしょうか。

●原則4　自分自身の殻から踏み出て、相手にとって何が重要かを見つけ出そう。

5 リーダーたれ

リーダーシップを発揮する

デール・カーネギー・コースは話し方から入りますが、最終的にはリーダー養成に目標を置いたトレーニングとも言えます。

リーダーとは肩書きや地位ではありません。リーダーになるとは、決してフォロワー（追随者）にならずに、みずから率先して動き、周りの人を巻き込んで、目的に向かって積極的に行動する人になるということです。リーダーとは、リーダーシップを持っている人です。そして誰もが大なり小なり、リーダーシップを持っているのです。

例えば、プロジェクトチームの中で、自分の位置が年齢的にも肩書きでも真ん中あたりに位置する場合、あなたは、自分に与えられた任務さえこなせばいいと考えますか。もちろん自分に与えられた役割を果たすことはもっとも重要ですが、最低限の義務にすぎません。そういう受身の姿勢ではだめです。

みずから進んでチーム全体のことを考え、自分の役割を積極的に果たそうとすることが重要なのです。あなた自身のために重要なのです。そのためには周りの人と協力し合い、時にはみずからリードして協力関係を築いてゆかねばなりません。後輩や同僚を引っ張ってゆく、さらには、上司にも提案や意見を出して前向きに関わっていく。そうした行動をとることで地位や肩書きに関係なくリーダーシップを発揮してゆくのです。

自分のビジョンを達成し、自分の進みたい方向へ行くためには、リーダーシップを発揮しなければなりません。人についてゆくだけのフォロワーでは自己実現は図れません。

熱烈な協力を得る

デール・カーネギーが著書『人を動かす』の中で集約した人間関係のルールは、全部で三〇あります。このうち、一番目から九番目までは、先に紹介したように、良好な人間関係を築くためのルールです。

これに対し、一〇番目から二一番目までのルールは、相手から協力を引き出したい時のルールです。上からの命令で人を動かすことが一般的ですが、それでは、いやいやながら仕方なく協力しているケースが多いのです。デール・カーネギーが目ざす協力とは、相手が自発的に、しかも熱烈に協力してくれることです。そのためのルールが一〇番目から二一番目までです。

10　議論に勝つ唯一の方法は議論を避けることである。
11　誤りを指摘しない。
12　自分の誤りは直ちに快く認める。
13　穏やかに話す。
14　イエスと答えられる質問を選ぶ。
15　相手にしゃべらせる。
16　相手に思いつかせる。
17　人の身になる。
18　人の考えに同情（共感）を寄せる。
19　相手の美しい心情に訴える。
20　演出を考える。
21　対抗意識を刺激する。

これらのルールの特徴は相手に焦点を合わせていることです。相手が協力する気になるためにどうするかを考え、行動することが大切なのです。その基本は相手の立場に立って考えることです。これらのルールを足がかりにして、あれこれと工夫して相手に接するのです。

私がある案件で組んだパートナーは、七歳年下で仕事の経験も浅く、私から見れば知識もスキルも足りない人でした。彼には、私が外部の人とする交渉を円滑にし、内部のプレゼンテーションも進めてゆくために、資料の整理や作成に関して協力してもらいたい、と思っています。しかし、彼のつくる資料は、どうも私の思うようなものになっていない、やり直しを指示すると不服そうな態度です。私はいつもイライラしていました。

そこで、私は、「イエスと答えられる質問を選ぶ」のルールにしたがってアプローチしてみました。

「君はここでこう考えたのではないの」「はい」

「それならばこうしたらもっと良くならないか」「そうですね」

「こうすればできるのではないか」「はい、そうします」

というように、できるだけ、筋道立てて問答をくり返したのです。そのうち彼のほうから「じゃあ、こうしてみてはどうでしょう」と言ってくれました。彼がみずから進んで熱心に資料をつくり上げてくれたのはもちろんです。

ここが悪い、あそこが悪いと言うよりも、イエスと答えられるように質問をしてみてください。そうすれば、相手は命令されたと感じずに、自発的に協力してくれます。

相手によって、シチュエーションによって、使うべきルールは違うでしょう。人によって得意とするルールも違うと思います。ただ、大切なことは、誰の協力を得たいのかを明確にし、どのルールをもっぱら使うかを決めて、意識して行動することです。

感謝・賞賛・激励を与える

部下に頼んだ仕事ができ上がってきた時に、「ありがとう」と言葉をかけていますか。「そこに置いといてくれ」と言って興味もなさそうにちらっと目をやるだけといったことはありませんか。あなたの上司はどうでしょうか。

「ありがとう」のひとことが、その仕事をした人にとってどれほど心地よい響きをもたらすものか知らないわけではないのです。でも心のどこかで、上司の命じた仕事をするのは当たり前という意識が働くものです。「ありがとう」を口ぐせにしましょう。もっと言えば、受け取った資料を目の前でとりあえずパラパラと見てひとこと言うことです。

「早かったなあ」

「ずいぶんくわしいものにしてくれたんだな」

叱咤激励という言葉があります。叱咤が先にあるということは、まず叱るように習慣づけられているようです。厳しく指導する上司が良い上司だという価値基準があるのでしょうか。カーネギーは「叱れ」とはひとことも言いません。「注意する」方法は教えていますが。

人は叱るよりほめましょう。

ところが、叱るより賞賛するほうが難しいのです。不思議なもので、叱る材料はいくらでも見つけられるのですが、ほめる点を考え出すのは難しいものです。しかも的を射た賞賛の言葉をかけてあげようとすると、言葉に詰まるものです。

人をほめるにはその人を常日頃から関心を持って見ていないといけません。

「君はやさしい人なんだね。この間、後輩のA君が困っている時に手伝ってあげていたんだろう。あの晩、君は遅くまで残業してたね。タイムカードを見たら十時近かった。昼間、A君を手伝って、自分の仕事は残業してこなしてたんだね。やさしい人だなと思ったよ」

ほめる時は、その裏づけの話、証拠をきちんと添えましょう。そうすることで、賞賛の言葉に重みが増し、聞いているほうもお世辞やおだてではなく、自分のことをよく見てくれているという気持ちになります。

命令したり、叱ったりするより、はるかに強い心の絆ができます。

日本人はこうした言葉を口にするのを恥ずかしがる傾向があります。しかし、「言わなくても、自分の気持ちはわかってくれているだろう」はひとりよがりにすぎません。夫婦の間でも親子の間でも同じことです。

人を巻き込み、引っ張ってゆくルール

『人を動かす』の人間関係ルール22から30は、つぎのとおりです。

22　まずほめる。
23　遠まわしに注意を与える。
24　自分の誤りを話してから相手の誤りを指摘する。
25　命令をせず意見を言わせる。
26　顔を立てる。
27　わずかなことにも惜しみなくほめる。
28　期待をかける。
29　激励する。
30　喜んで協力させる。

人間関係のルール１から９が親密な関係を築くためのルール、10から21が自発的な協力を引き出すためのルールであるのに対して、この22から30のルールは、人を巻き込み引っ張ってゆくためのルールです。

リーダーは、人材を効果的に活用して、目的を成し遂げねばなりません。もし、同じ方向を向いていない人がいればチームの力はそがれます。ひとり分の力が減るだけでなく、ひとりやる気のない人がいると他のメンバーのやる気をそいでしまいます。また、それを放置していると、メンバー全員から「リーダーが注意すべきなのに、なんで放っておくのか」というリーダー不信につながります。

同僚や部下の場合には、公式に与えられた肩書きや立場が自分の背後にありますから、まだやりやすいのですが、年上の人や上司だと、なかなかうまくゆかないものです。しかも部下やチームのメンバーは、リーダーが上司や経営陣と、どう折り合いをつけてくれるか、期待半分、興味半分でじっと観察しているものです。

私は、ある案件で、交渉が行き詰まっていました。これを打開するためには、上司からも交渉相手に頭を下げて頼んでもらうことが必要と感じていました。

しかし、この上司は交渉相手と過去に話がまとまらず、相手のことを快く思っていませんでした。しかも、今度の案件ではその相手と私が交渉をして話がまとまりかけているのですから、上司としては内心おもしろくないはずです。

私はそれでも「顔を立てる」というルールにしたがって、上司に交渉の場に出てもらおうと考えました。まず、私が窮地に陥っている話を数回にわたって上司に話しました。そして、折に触れて、私ひとりでは難しく上司の力が必要だと訴えました。

「先方さんが、鈴木さんはどうしているかなあと気にしていましたよ」

「あ、そう」

「やっぱり、鈴木次長に出てもらって話をしないとまとまりそうにないですよ」

「君で充分だろ」

「いや、先方さんも、鈴木さんはどう言ってるのと言って、鈴木次長のことを気にしているんですよ。一度ぜひ一緒に行ってもらえませんか。私では役不足でした」

「行ってもいいけどね。あいつは頑固だからな。君も苦労してるだろ?」

一週間くらいかけて、鈴木次長に交渉に出てもらうことに成功しました。

協力的でない人を味方にするには、細かな気配りが必要です。もともとこちらのほうを向いてくれていないのですから、ちょっとしたことでつむじを曲げてしまいます。相手の立場に立って、ルールにしたがって工夫しながら、アプローチしてみましょう。

信念を述べる

有能なリーダーになるには、人間関係のルールを駆使できることは必要条件ではありますが、十分条件ではありません。ルールを活用することによって、人を上手に動かすことはできるでしょう。しかし、チームを奮い立たせ、目的に向かって突進させようとすれば、さらにプラスアルファがなければなりません。

プラスアルファとは何でしょうか？　それは、リーダーの強烈な信念です。

この目標は正しい目標であり、必ず達成可能なものであると、リーダーが強く信じていなければ、みんなを引っ張ってゆけません。また、それを成し遂げることがいかにすばらしいものかを訴えることができなければ、みんなは奮い立たないでしょう。

リーダーの信念がチームのみんなに伝わらなければ、チームの結束力は弱く、最大の力を発揮できないでしょう。

リーダーには、みずからの強烈な信念をみんなに伝える能力が必要なのです。ここぞという時に自分自身の力の限りを尽くして最大限に表現しなければなりません。リーダーが十の表現をしたとしても、一しか伝わらないと思わなければなりません。

デール・カーネギー・コースでは、信念を述べるセッションが卒業生のもっとも記憶に残るセッションの一つになっています。それほど強烈なセッションなのです。

大きな声をあげたり、体をわなわなと震わせたり、と、表現法はいろいろですが、中途半端な表現では、誰も認めてはくれません。

自意識を捨て去って、誰にどう思われようと、自分の信念を貫くという強烈な思いで、無茶苦茶なくらいに自分の信念を強烈にアピールするのです。それで初めて、周りの人にも信念が伝わってゆくのです。

感情を表現する

感情を人にぶつけることは良くないことです。怒りにまかせて部下を叱責するなどということは、絶対してはいけません。しかし、一方で、自分の感情を表現し、人に伝えることは大切なことです。嬉しいこと、悲しいこと、すごく怒ったことなど、その気持ちをありのままに伝えると、聞き手に共感を与えるものです。

それでは、感情を人にぶつけることと、感情をそのまま伝えることとは、どこが違うのでしょうか。どちらも自分の感情をそのまま伝えているのですが、伝えたいことが何なのかという点が違うのです。何を伝えたいのか、聞き手にわからなければなりません。伝えたい内容が客観的に見て正しい内容でなければなりません。みんなの共感を得られる内容でなければなりません。

あるスポーツの監督がつぎのようなことを言っていました。「自分がある人をみんなの前で罵倒するがごとく怒る時は、そこにいるみんなの気を引き締め、全員に自分の考えを浸透させるためにやっている。怒られた当事者には気の毒ではあるが、その人が特別悪いから怒っているわけではない」。

嬉しい時には喜びを体全体で表現し、怒る時には赤鬼のように怖い顔で怒る。表面的には喜怒哀楽を激しく表現しながら、心の奥では冷静に聞き手への影響を計算できているとしたら、すばらしいリーダーと言えるでしょう。

リーダーにとって、感情を込めて話をすることは必要なことです。感情を殺した冷静な言葉や態度ばかりでは、「熱意」は伝わりません。人間は感情の動物です。自分の感情をぶつけてこそ、相手からも心の底からの共感を得られるのです。感情を込めて語りかける言葉こそ、人を動かす力を持つのです。

リーダーとなるために、どのようなＴＰＯ（時・場所・場合）で、どのように感情を表現するかを研究してみてください。

柔軟性を拡げる

私たちは、毎日いろいろな役割を演じています。家庭内では、親であったり、夫であったり、妻であったりします。仕事の上では、上司であったり、部下であったり、セールスパーソンであったり、経理マンであったりします。無意識のうちに、人それぞれにいくつもの役を演じているのです。自分にふさわしい役もあれば、苦手な役もあるでしょう。

リーダーには、リーダーらしい言動があります。逆に言えば、リーダーらしくない言動は禁物です。目標が達成できるかどうか、疑わしいと言ったりしたら、周囲は白けてしまいます。たとえ内心不安でも、それを表面に出してはいけません。そういう意味では、意識的に演じることも必要なのです。

そこで問題になるのが、自分が役割を演じることのできる幅がどの程度あるかということです。演じることのできる柔軟性がどれだけあるかということなのです。

デール・カーネギーは、ニューヨークで演劇学校に通っていた時期がありました。スピーチにおいても視覚的効果、例えばジェスチャーなどの体の動きを重要視しています。

デール・カーネギー・コースの中に、「柔軟性を広げる」というセッションがあります。そこでは鬼の役から、法廷の一場面やメロドラマまで、いろいろな役を演技することを求められます。自意識を捨てて、真剣に、役になりきることを要求されます。

このセッションは、いろいろな役を演じることによって、自分の中にあるさまざまな可能性に気づき、柔軟性を拡げることが目的です。

また、エクササイズを通じて真剣に役になりきることの重要性を学びとってゆくのです。自分で実際に演じてみて、また、クラスメンバーが演じているのを見て、実生活の中で役割を真剣に演じることの重要性がわかるのです。

リーダーを任されたとき、自分はこの役にふさわしくないと思っていたり、照れながらやっていたりして、その役割になりきれていなければ、チームメンバーはそれを見ています。リーダーらしく振る舞わなければ、メンバーもついてこないのです。

●原則5　良きリーダーか否かは、信念と意図を他の人々に伝え、心に植えつけ、彼らがそれを遂行しつづけるかどうかにある。

6　今日一日を生きる

今日一日の枠の中で生きる

デール・カーネギーの著書『道は開ける』には、ストレスや悩みを解決するためのさまざまなルールと具体例が書かれています。私もつらい場面に遭遇するたびにこの本を読んで救われてきたひとりです。

私には尋常性乾癬という持病があります。現在のところ完全に治す治療法が見つかっていない皮膚の病気です。ステロイド軟膏を塗っていれば、ひどい湿疹は和らぐのですが、しだいに効き目が弱くなって強い薬にしてゆかなければなりません。ステロイドが副作用をもたらすことはよく知られています。内臓や目をやられることもあり、強い薬にすることには慎重でなければなりません。仕事のストレスがいちばん悪いのですが、仕事をやめるわけにはゆきません。かといって、ステロイド軟膏をずっと続けることが良くないことはわかっています。

そこで、数年前、私は意を決して薬断ちをすることにしました。ステロイド軟膏を塗ることをやめました。すると、あっという間に、体中が湿疹だらけになりました。これまで薬で抑えられていたものがいっせいに噴き出したのです。

その結果、顔は真っ赤に腫れ上がり、体中が湿疹でバリバリになり、足はむくんで靴が履けず、すねがジンジン痛くて歩くのもしんどい状態になりました。

「どうして、この俺がこんな目に会わなければいけないんだ。俺がどんな悪いことをしたというんだ」

死にたい気分でした。人と面と向かって話をするのが苦痛でした。以前のように動き回ることもできません。毎朝、会社へ行くのがつらい日々でした。

「とにかく今日だけは会社に行こう。明日はどうなってもいい。明日はギブアップしてもいい。今日だけは会社に行ってなんとか頑張ってこよう」

毎朝家を出る時にそう言い聞かせました。来る日も来る日も、今日一日を頑張ろうと自分に言い聞かせて会社に行きました。

会社の人たちは、気づかってくれて、顔が真っ赤な私に気持ち悪そうな表情も見せず、普通に接してくれましたし、体はつらくて動きにくくてもデスクワークは何とかできました。体調はすぐれないものの、毎日毎日、その日の仕事を全うすることができたのです。

その結果、私は一日たりとも会社を休むことなく、いちばんつらい薬断ちから三カ月を、何とか過ごすことができたのです。

昨日のことを悔やまず、明日のことを悩まず

デール・カーネギーは言っています。

「人生とは今日一日のことである」

私たちは、人間関係の中で悩みやストレスを抱え込んでしまいます。

「どうしてあんな失敗をしてしまったのだろう」「どうして俺はこんなこともうまくできないのだろう」「あんなこと言わなければ良かった」

後悔先に立たずと言いますが、私たちはどうしてもいろいろなことを後悔して、自己嫌悪に

陥ってしまうものです。しかし、過去の出来事をあれこれ悩んでみても、やり直すことはできません。過去に失敗があったとしても、その失敗をとりかえすために、今日何をするかを考えるべきなのです。

一方で、「あの件について、部長になんて言われるかな。きっと叱られるぞ」「このプロジェクトは本当にうまくゆくのだろうか」「あの人は協力してくれないんじゃないか」

うまくゆかなかったらどうしようかと考えはじめると、つぎつぎと悪い場面を想定し、それをまたどう切り抜けようかと考え、つぎからつぎへと考え込んでしまって、迷路から脱出できなくなってしまいます。

部長の返事が心配なら、今日、会って話しておいてはどうでしょう。プロジェクトのプレゼンテーションの不備なところを、今日、修正しておいてはどうでしょう。協力してくれそうにない人に、今日、計画の概要をコピーして渡しておいてはどうでしょう。それが、「人事を尽くして天命を待つ」ということです。自分の怠慢が不安の種なら、努力をしなければなりません。努力すべきことは全部やったというなら、あとは運命に従うしかありません。

それでも心配だというなら、それは「取り越し苦労」です。

心配事の九〇％は実際には起きないのです。

私たちは多くの場合、起こりもしないことをあれこれ考え、悩んでいるのです。悩んでも仕方がないことに時間を使い精神をすり減らしているのです。明日のことを思い煩うことはやめましょう。代わりに、今日できることをできるかぎりやり遂げることです。

楽しそうに振る舞えば愉快になる

先に話しましたように、私は、薬断ちをして体がつらいにもかかわらず会社に出勤していましたが、出社している以上は普通に仕事をしようと考えていました。

上司に呼ばれれば、デスクまで飛んでいって受け応えをし、後輩に対しても大きな声で指示を出していました。動くのがつらかったので、席を立つ回数は少なかったのですが、一つ動いてはつらくて「フゥー」と大きな息をついていました。

つらいからといってじっとしていると、よけいに体が重くなって動けないように感じたので、無理にも大声を出し、普段どおりに振る舞いました。すると、みんなもいつもと同じように仕事を回してくるので、ますます頑張らざるを得ません。こうして落ち込まないで、仕事をこなすことができたのです。

そんな折、忘年会がありました。お酒は湿疹に良くないので禁酒していましたが、出席しないわけにはゆきません。仕方なくウーロン茶を飲みながら、みんなのお相手をしました。

体はバリバリで、動くと痛い。足はむくんでいて立つのもつらい。そんな状態にもかかわらず、私は、酔っているみんなと同じテンションで、おもしろおかしくその場の話に興じました。みんな私がお酒を飲んでいないことを忘れて、私にもからんでくる。酔っ払っていろいろな話も吹っかけてくる。それらに対して、私も同様に甲高い声で応え、冗談を言って騒ぎました。

しかも、私は、そのノリで二次会にも参加し、カラオケで歌まで歌ったのです。

つらい時ほど、大きな声を出し、明るく振る舞うことです。そのうちに本当に楽しい気分になってきます。

とかく私たちは深刻ぶった顔つきをしていることを良しとしていないでしょうか。深刻な問題に直面している時、他の人に茶化されると、「ふざけるなよ。俺は真剣なんだから！」と、怒ったりしていませんか。周りの人は励まそうとして声をかけてくれているのに、それを理解しようともせず、ひとりで深刻ぶっていませんか。深刻な顔になっている時はひとりの世界に入り込んでいます。ひとりの世界は蟻地獄のように、抜け出せない堂々巡りの迷路の世界です。

そんな時こそ、声をかけてくれる人がいるのであれば、一緒になっておどけてみてはどうでしょうか。

そうすると、今まで悩んでいた問題を違った角度から、新しい気持ちで見ることができます。そして悩みや問題がとても小さなことに感じられるものです。

デール・カーネギーは、つぎのように言っています。

「満面にこぼれるような笑みを浮かべ、肩をそびやかし、大きく深呼吸をしながら歌の一節でも口ずさむことだ。歌でなくて口笛でもよい。口笛が駄目なら鼻歌でもよい。――早い話が、幸福に酔いしれているように振る舞いながら、同時に浮かぬ顔で沈み込むことは肉体的に不可能である」

忙しくすること

とはいえ、私も非常につらかったのは事実です。「どうして俺だけがこんな病気持ちなんだ。仕事を一生懸命にやろうとしているのに、なぜ神様は私の体をこんな病気にしたんだ。俺が何か悪いことをしたというのか」。情なくて涙がにじんだ時もありました。

毎日、朝晩二回風呂に入り、皮膚をきれいにして保湿のためのクリームを塗る。このために取られる時間も馬鹿になりませんでした。仕事が忙しく、帰りも遅く、睡眠時間も少ない中で、このために朝早く起き、夜も時間を取られました。

しかし不思議なことに、先ほどのような恨みごとを言うのは、決まって土・日や早い時間に帰宅した日、または床に入る時でした。

仕事が忙しくてそれどころではない時には、恨みごとを言っているひまもありません。とにかくつらくても一日、頑張るだけです。特に日中は仕事に追われていて、病気のことを悩んだり、神様を恨んだりするひまはありません。

そのことに気づいてからは、ぐちを言いたい気持ちがむっくりと頭をもち上げはじめると、すぐに誰かとの面談やミーティングのアポイントを入れ、できるかぎりスケジュールを埋めてしまうことにしました。人と話をしていればひとりでものを考えることはないし、人と話すと仕事が生まれてくるものです。忙しくしていれば、ひとりで悩んでいるひまはないのです。

悩み解決の公式

デール・カーネギーが提唱した悩み解決の公式というものがあります。

①「起こりうる最悪の事態は何か」と自問せよ。
②それを受け入れる用意をする。
③最悪を少しでも良くするように努めよ。

以上が悩み解決の公式です。

ある人が、高校時代に運動中に首を強打して、首の関節がずれて直らなくなってしまいました。父親は治せる病院を探してあちこちに飛び回っている。母親は、「いちばん欲しいものは何か。いちばんしたいことは何か」と聞いてくる。

「俺はこのまま死ぬんだろうか」

周囲の人の言動からそう考えるようになりました。病院のベッドに寝ていると、死ぬことばかりを考えてしまい、寝つきも悪くなりました。

そこで、その人は、こう考えたのです。「俺はこのまま死ぬんだ」。それが最悪の事態であり、彼はそれを受け入れ、覚悟したのです。つぎに彼はこう考えました。「どうせ死ぬなら、みんなと修学旅行に行きたい」と。その願いは、母親と看護婦が付き添うことにより達成されました。ベッドで寝ていると良くない。外に出たいと思ったのだそうです。

すると、奇跡が起こりました。旅行先で友だちとけんかになり、また首を強打してしまったのですが、そのはずみで、医者が治すことができなかった関節のずれが元に戻ったのです。

真実は小説より奇なりです。

死ぬことを受け入れるような悩みは滅多にありません。多くの悩みは、最悪でも死ぬことはありません。死ぬわけではないのであれば、その最悪の事態を受け入れ、事態が少しでも良くなるように自分として可能な行動を起こすことです。努力を始めてみることです。

そうすれば、物事は良いほうに転がり始めます。なぜなら出発点が最悪なのですから。何をしようと何が起ころうと、最悪より悪くなるはずがないのですから。そして、努力を重ねることで、ついには悩みごとを解決するに至るでしょう。

忘恩を予期せよ

私はかつて仕事上の行き詰まりからノイローゼ気味になったことがあります。最高責任者である部長と実行部隊の長である副部長の意見に相違があって、部長の言うことを聞くと直接の指示を仰ぐ副部長から叱られる。副部長の言うとおりにすると部長の決裁をもらえない。

どちらの意見も一理あって、どちらが正解でどちらが不正解というものでもなく、あとは責任者の判断次第なのですが、二人の上司の反目の間に立って、ストレスばかりが溜まってゆきました。部長と副部長の接点を探すべく両者とのやり取りをくり返しましたが、そのたびごとに結論をひっくり返され、関係者とまた交渉し作業をやり直す日々でした。

何度もくり返しているうちに眠れなくなりました。朝は家族とろくに口をきかずに出勤し、会社では朝からあちらこちらに指示を出して、また部長や副部長と話をしたり、他社の人と交渉したりする。机で作業するのは夕方から。十時まで机で仕事をして、家に帰って夕食を食べ風呂に入ったあと、十二時から二時までまた続きの仕事をする。二時に床に入るものの、四時ごろになると目がさめてしまって眠れない。

一日中仕事に頭を占領され、家族には当たり散らすし、寝不足が続き、ノイローゼ状態でした。

「こんなにひとりで頑張っているのにどうしてみんなわかってくれないんだ」

私は、二人の上司が私の苦労をわかってくれないことを恨み、私がひとりで苦しんでいるのに協力してくれない同僚たちを恨みました。さらに、仕事で精いっぱいなのに細かな家事のことで私を煩わせる家族に対しても恨みごとを撒き散らしていました。

私としては、精いっぱいのことをしているのに、どうしてみんなわかってくれないのか、協力してくれないのか、悔しくて仕方がありませんでした。

しかし、あとで考えれば当然のことです。上司にとっては、私が仕事を精いっぱいやるのは当たり前のことであり、同僚にとっては、かわいそうだとは思っても、担当外のことだし手出しはできない。家族にとっては、仕事でどんなに苦労していようとも、家の中とは無関係です。

周囲が自分のことをわかってくれないと嘆くことがよくあります。しかし、わかってもらえないのが当たり前なのです。こちらが重要だと思っていることが、相手にとってはたいしたことではないことが多々あるのです。

相手に対して、とてもよくしてあげたと思っていても、相手はしてもらって当然だと思っているのです。もしくは、してもらったことさえ忘れてしまうのです。

それなのに、自分だけがしてあげたことにこだわって、いつまでも腹を立てていても何の益もないことなのです。そんなことで、時間と神経をすり減らすだけ無駄です。私たちも逆の立場なら他の人に同じようにしているのですから、きっとお互いさまです。

人は恩義など感じてくれない、当たり前としか思っていないのです。

逆境は最大のチャンス

部長と副部長の板ばさみにあい、私はノイローゼ気味になり、医者にドクターストップをかけられながらも、期限を一カ月延長してもらって、何とか最後まで仕事をやり抜きました。

終わってみると、私にとって一つの節目となる仕事でした。部長と副部長に振り回されながらも、他社の多くの関係者を束ね、遺漏なく仕事を取り仕切ってゆきました。自分しか拠り所はなく、不安な点は自分であちこちに照会して仕事を組み立ててゆきました。私がコントロール・タワーになって、目上の人や他社の人たちに指示を出し、依頼をして、仕事を進めてゆきました。最後にすべてが終わった時、本当に嬉しかった。

これまでにないプレッシャーを受けながら、自分ひとりで仕切っていった経験は、私をひとまわり成長させてくれました。今後どんな仕事が来てもやりこなせるという自信をつけることになりました。

この経験から、私はつらい仕事にぶちあたった時、今自分はまたひとまわり成長しているんだと前向きに考えるようにしています。そうすれば、その苦しい過程も楽しむことができます。そしてそれを乗り越える智恵や勇気が湧いてくるはずです。

●原則6　悩みを克服するための基本的なテクニックを学ぼう。毎日これを応用しよう。

7 熱意を持ってやろう

熱意を持ってやろう

デール・カーネギー・コースは、能力開発のトレーニングです。ここまで述べてきたように、さまざまなスキルの向上を目ざして、さまざまなルールを学び、また実践し、その報告もしなければなりません。

私たちは、本を手にとることから始めて、実際にコースを受講して体験するなど、前向きに努力をしています。

こういう機会があるのだから、何か新しいことが学べるかもしれない。新しい友人、知人が増えるかもしれない。そう考えてとにかくやってみる。こうした態度で一期一会《いちごいちえ》を大切にしながらいろいろな物事に積極的に関わってゆく態度こそ、自己実現のためにはもっとも重要なことでしょう。

私たちはこうした積極的な態度が重要であることを充分理解できるし、わかっています。それでもこれまでいた居心地の良い範囲の中についつい留まろうとしてしまうものです。「よし積極的にいろいろなことに関わってゆくぞ」と張り切っても、どうしても三日坊主になってしまいがちです。それでは積極的な態度を維持するにはどうしたらよいのでしょうか。

それは、熱意を持ちつづけることです。それしかありません。

ビジョンが私たちの進むべき目的地であるならば、そこへ至る道を前へ前へと進むための原動力こそが「熱意」なのです。熱意こそ、エネルギーなのです。熱意を燃やしてエンジンを回し、前へ前へと自分を推し進めましょう。

熱意と聞くと、「ひとりで熱くなって妙に元気な人」というイメージを思い描くのではないでしょうか。覚めた目で見ている人からすれば、自己陶酔しているようで、あまり関わりたくない人と思うかもしれません。

しかし、本物の熱意の人とは、単なる「から元気」の人ではないのです。自分の信念を貫くことや目的を達成することに妥協を許さずに全力をあげて取り組む人なのです。したがって、静かな熱意というものもあります。人の見ていないところでコツコツと努力を重ねて何年もかけて一つのことを成し遂げる。これもとても立派な熱意の人です。

目的を達成したいという熱意、成功を遂げたいという熱意、ビジョンを達成したいという熱意、そうした熱意を燃やしつづけましょう。熱意を燃やしつづけるかぎり、どんな壁も必ずや乗り越えることができます。

デール・カーネギー・コースが伝えているさまざまな事がらのうち、もっとも重要なことは、何ごとにも熱意を持って望む態度を身につけるということです。

十倍の熱意

デール・カーネギー・コースでは、「熱意の公約」というセッションがあります。これまでやろうとしてできなかったこと、何度か試みたが最後までできなかったことを、十倍の熱意を込めて実践することによって成し遂げようとするのです。

クラスメンバーの前で公約してしまうので、やらざるを得ないという面がありますが、それでも今までだったらできなかったことが、公約をすることでできてしまう。十倍の熱意を込めて実践することでできてしまう。実際にそうした経験をすると、誰もが熱意の力を体で感じ取ることができます。

ある人は、英単語の語彙不足を感じていたのに、これまで何もしていませんでした。そこで、一念発起してNHKラジオの英会話の番組を毎日欠かさず聞き、わからない単語は単語帳に転記して暗記することにしました。

単語帳には毎日いくつもの単語が書き込まれてゆきました。それを持ち歩いて覚えているうちに、外国人との電話のやり取りの中で、覚えたての新しいフレーズを使うことができました。すると、さらに熱意が湧いてきて、どんどん単語を覚えてゆきました。

またある自営業の人は、毎日が何となく忙しく過ぎていってしまい、やるべきことができず、仕事の効率が良くないと感じていました。そこで、毎朝一日のスケジュール管理シートをつくり、必ずそれをやり遂げるようにしました。

すると、スケジュール管理シートをつくることで、気が進まない仕事も後回しにせずにやるようになったし、夜遅くなってもその日の仕事はその日のうちに終わらせる習慣がつきました。そうすることで、いつも深夜に及んでいた仕事が、やるべきことを全部やっても今までより早く家に帰れるようになったそうです。

またある人は、健康管理のために近くの公園までマラソンをすることにしました。仕事の都合や天候の影響もあって毎日はできませんが、カレンダーにマラソンをした日に丸をつけることによって、週に三日以上は必ずやるようにしました。最初は走ること自体がおっくうではありましたが、走りつづけるうちに、カレンダーの丸を見るのが楽しくなったということです。

やり遂げたあとのクラスメンバーたちのディスカッションでは、多くの人が熱意の力を賞賛します。

デール・カーネギー・コースでは「熱意を持ってやろう。やれば熱意が湧いてくる」という言葉があります。まさにこのとおりに、最初はやるのがつらいことでも、熱意を持って無理やりでもそのことに取り組んでいると、やりながらどんどん熱意が湧いてきます。おもしろくなってきます。少しずつ成果が見えてきて、さらなる熱意を込めてもう一段の成果を望むようになってゆきます。

熱意は伝播する

熱意あふれる人が周りにいると、つい巻き込まれてしまいませんか。大きな声や強い語調、または大きなジェスチャーに気圧《けお》されているような感じもしますが、その人が本物の熱意の人であれば、その動作や態度の裏にある精神的な強さやバイタリティに共感するところがあるでしょう。共感し、共鳴するからこそ、ついその人のペースに巻き込まれてゆくのです。熱意は周りの人に伝播《でんぱ》するのです。

デール・カーネギー・コースのクラスでは、まさにお互いに共鳴し合うことで、熱意を倍増させます。他の人が発表する熱意のレポートに共感し、自分も負けずに熱意を奮い立たせようと努力します。他の人が頑張っている姿を見て、自分も負けずに頑張ろうと決意を新たにします。クラスには、例えば、三十歳代になってから会社をやめてＭＢＡ（経営学修士号）の取得を目ざし、一から英語を勉強して見事に資格を取得した人もいます。

受講中の十二週の間に転職を決めた人や自分で会社を設立した人もいます。会社の中で売り上げトップを目ざし、社長賞を取りつづけている人もいます。リーダーに熱意は欠かせません。明確な目標に向かって、強固な信念と熱意を持って取り組んでいれば、周りの人は共感し、やがて誰もが協力を惜しまないでしょう。

熱意を持続させる

それでは熱意を持続させるにはどうしたらいいでしょうか。

私は、自分が落ち込んできたり、気分がなえてくると、トイレに立って手を洗って気分を一新し、鏡に映る自分の顔に向かって気合いを入れます。場合によってはコーヒーを飲んで一息入れます。人と談笑して大きな声を発したり、歌を歌ったりもします。元気づけてくれる音楽を聞くのも、自分を奮い立たせるのに効果的です。

単調な作業をくり返していると、最初は気が張っていても長続きしないものです。そういう時にはこうした気分転換が必要でしょう。

また、何となく同じような毎日を送っていると熱意も冷めてゆきがちです。そんな時は、自分に「よしやるぞ！」「熱意！　熱意！　熱意！」と言い聞かせることもあります。自分をチア・アップさせる言葉を「ペップ・トーク」といいますが、これも効き目があります。デール・カーネギー・コースで教えられる「熱意を持ってやろう！　やれば熱意が湧いてくる！」も良いペップ・トークになります。ペップ・トークを声に出す習慣をつけると良いでしょう。

しかし、もっとも大切なことは、目標を明確かつ具体的に持ち、必ずやり遂げるのだと常に自分で強く念じていることです。目標達成への情熱が熱意を駆り立てます。具体的な目標をいつも確認することです。

何を、いつまでにやり遂げるのか。そのためにすべきことは何か。これらのことを明確にしておき、たえず思い起こすことです。

デール・カーネギーは、大発明家エジソンの言葉を引用してつぎのように言っています。「この世で熱意以上のものを私は知りません。エジソンはこう言いました。『人が死んだ時、子どもたちに熱意を譲り渡すことができるならば、無限の価値ある財産を残したことになるのです』」

エジソンは、電球を発明したことで有名ですが、電球の核をなすフィラメントの開発に成功するまでには何千個という失敗の山を重ねています。失敗しても失敗しても、必ずできるはずだと信じて熱意を持ってやりつづけたのです。その結果が大発明へとつながったのです。

成功者とは成功するまであきらめない人のことだといいます。自分のビジョンや目標を必ずできると信じて真剣に取り組むことから始めましょう。熱意を持って取り組んでいれば、おのずと知恵が湧き、協力者も現われ、さらなる熱意が湧いてきます。

もし、失敗を続け、多くの困難に出会ったとしても、あきらめずに熱意を持ちつづけてください。成功するまであきらめない。一度でダメなら何度でも挑戦する。必ずできるまでやりつづけることです。

ちなみに「熱意とは仕事に対する情熱以上のものである」とデール・カーネギーは言っています。熱意は人生と生活のすべてのためのものなのです。

「人生における成功の要因の一つは、自分の仕事に対して毎日興味を保持し、永続的な熱意を持ち、一日一日を大切に生きる能力である」とデール・カーネギーは言っています。熱意を持って積極的に生きることこそ、デール・カーネギー・コースが教えている最大のポイントであり、私たちが生きる指針とすべきものなのです。

●原則7　熱意を得る方法は、自分の手がけている事がらを正しいと信じ、自分にはそれをやり遂げる力があると信じ、積極的にそれをやり遂げたい気持ちになることである。

第2章

デール・カーネギーが企業を変える

マツダ株式会社　執行役員カスタマーサービス本部長
テリー・L・モアー

カルビー株式会社　人事グループマネージャー
南　伊佐夫

DALE
CARNEGIE
TRAINING

1 顧客満足度を高めるために――マツダの場合

マツダ株式会社　執行役員カスタマーサービス本部長
テリー・L・モアー（Terry L. Moore）

自分がそうしてほしいように、他の人に接すること

私はこれまで、世界中のいろいろな国で顧客サービスに関わる仕事をしてきました。アメリカ、南米、台湾、そして日本です。

「日本は他国とは違う」とよく言われます。日本人は他国と比べて、より高い品質の物とサービスを求めている、と言われています。車の性能にせよ、サービスにせよ、日本人の要求水準は、他の国より高いはずだ、というわけです。それなのに、日本で、日本の企業で、なぜアメリカ人が顧客サービスの責任者をやっているのかという疑問があるようです。ごもっともな疑問だと思います。

しかし私には、信念がありました。私はこれまで、自動車のディーラー（販売）としての経験があり、顧客のニーズや期待にこたえてきた経験、つまり顧客を満足させてきた経験があります。こうした経験があるからこそ、私はその責任者に任命されたのです。そしてどこの国でも、その国の顧客の期待を裏切らないで、顧客に満足してもらうことが私の仕事であり、それはどこの国であろうと変わりはない、という信念です。

私は日本に来て、まず最初に、Ｊ・Ｄ・パワー社という国際的な調査会社が実施している、マツダの車やサービスに対する顧客満足度（ＣＳ＝Customer Satisfaction）の調査結果に着目しました。

まず車の性能・品質についてですが、これについての日本人の期待内容は、アメリカ人の期待することときわめてよく似ていました。国や民族による違いはほとんどないのです。つぎにサービスです。驚いたことにサービスに関する期待でも、アメリカ人と日本人では、ほとんど違いがないのです。

顧客は、つぎのようなことを期待しています。

一、サービスの担当者から、最高のサービスを受けたい。

二、礼儀正しく、誠実に、丁寧に接してもらいたい。

三、顧客の持ち込むさまざまな問題について、サービス担当者に親身になって理解してほしい。

四、一回で車を正しく修理してほしい。

以上をもっと簡単に言うと、「正しく修理して、正しく接してほしい」という言葉になるでしょう。これは特殊な要求でしょうか。どこの国でも顧客は同じことを期待するのではないでしょうか。

私はこの結果に驚きました。私はカーネギー・トレーニングを体験していますから、当然、デール・カーネギーの「ゴールデン・ルール」を知っています。

「自分がそうしてほしいように、他の人に接する」

これは世界共通の顧客の期待と、まったく合致しているではありませんか。

顧客満足度

さて、調査結果についてのお話をつづけましょう。

わがマツダは、日本の他の自動車メーカーと比較して、顧客満足度については、どうなのでしょうか。

具体的なスコアや順位は申し上げることはできませんが、われわれにとって決して満足することのできない結果でした。

では、わがマツダのディーラーは、顧客満足度（CS）に関して、どのような問題点を抱えているのでしょうか。

先ほどのキーワード「正しく修理して、正しく接してほしい」にかえりましょう。

「正しく修理してほしい」ことに関しては、われわれは他社といい勝負をしています。遜色ないと言っていいでしょう。営業時間、土日営業、営業網への便利性など、顧客のニーズに合った対応をとっていると言えるでしょう。

もう一つの「正しく接してほしい」という点で劣っているのです。

なぜなのか、と原因をさぐってみました。

現在のサービス・アドバイザーのスキルと経験を考える必要があります。彼らの経歴をみますと、大半はサービス・エンジニアまたは技術者の経験があります。技術に関しては、最高のスキルを持っていて、「正しく修理する」ことはできるのです。欠けているのは、お客様のこころの不満を正しく修理できていないことなのです。なぜなら、顧客に対して正しく接していないからです。

これはサービス・アドバイザーなど顧客に接する部門のすべての人々の責任ですが、しかしすべて彼らが悪いからだとは言えません。なぜなら彼らは顧客と接するための十分なトレーニングを受けていないからです。車に関する技術面ばかりに焦点を当ててきたため、顧客に焦点を当ててこなかったのです。物にばかり目を奪われて、人に目が届いていなかったのです。彼らはデール・カーネギーのゴールデン・ルールを教えられていなかったのです。

女性の満足度

では「顧客」の中身をもう少し吟味してみましょう。

顧客との関係の中で、私たちがもっとも注目したのは、サービスを行なうにあたって、女性との関係づくりに問題があるという点です。

日本の女性たちについて考えてみなければなりません。私はその分野に関するエキスパートではありません。ただたくさんの調査を行なっただけです。それによりますと、多くの日本女性たちは、お気に入りの美容院やブティックを何度も訪れます。そこでは店員のことをよく知っていますし、店員も彼女たちのことをよく知っています。正しい接し方で扱われているのです。さらにお店は清潔で、サービスも行き届き、便利で、近代的な設備も整っています。

さらにもう一つ指摘しておきますが、顧客である女性たちも、洋服や、美容や、化粧品などについて、多くのことを知っていることです。彼女たち自身、この面ではエキスパートなのです。

では、自動車について、彼女たちはどういう意識を持っているでしょう。

日本女性は、車を移動手段として、日常生活に欠かせないものであると認識しています。しかし車のメカニズムや技術的なことについては、あまり詳しくありません。これは美容や洋服について詳しいこととは対照的です。私の意見ではありません。調査の結果です。

また、彼女たちはわれわれディーラーの店舗を、汚れていて、居心地の悪い場所と評価していました。またわれわれのスタッフをそれほどフレンドリー（親しみを持てる）とは感じていません。便利であるとも思っていません。また車は値段が高いと思っています。これらすべては、われわれにとって大きな問題です。われわれに対するこうしたマイナスのイメージは、変えてもらわなければなりません。女性のお客様の印象を変えることは、簡単ではありません。しかし、やり遂げねばなりません。

対応策は？

では私たちはどんな対応策を打ち出したのでしょう。

最初に店舗の美化に取り組みました。清潔で女性客が居心地がいいと感じてくれるようにしなければなりません。

つぎに日本のデール・カーネギー・トレーニングと提携しました。なぜデール・カーネギー・トレーニングと関係を築く必要があったのかは、もうおわかりでしょう。それは、われわれの問題が、「正しく接してほしい」にあったからです。「自分がそうしてほしいように、顧客に接する」ことです。マツダの技術は進歩してゆくでしょうし、その点でのスキル向上に心配は不要です。人間関係のスキルを向上させねばならないのですから、この提携はごく自然なことだったのです。マツダのサービス・マネジャーと、サービス・アドバイザーに、ゴールデン・ルールを身につけてもらう必要があるのです。それが私たちの使命です。

顧客対応能力強化のためのカーネギー・トレーニング

私たちは、デール・カーネギー・トレーニング・ジャパンと協議を重ねて、わが社のディーラーのサービス・スタッフ向けの独自の特別プログラムを開発しました。これはデール・カーネギー・トレーニングのプロセスを活用したものです。

私たちはまず、デール・カーネギー・トレーニングの歴史、世界で多くの国々に受け入れられている事実、日本でも多くの企業が社員教育に採用していることなどを説明して、ディーラーの代表者に理解を求めました。

つぎに私たちが特に重点的に取り組みたい課題を「顧客対応能力の強化」としました。

それは、お客様がディーラーの窓口となっている担当者やアドバイザーに、どんな不満を持っているかを調査した結果にもとづいています。

その調査とは、顧客満足度の低い店舗での、お客様の不満の声を分析したものです。

お客様の相談や苦情に対する対応に、誠意が感じられない――――四四%

接客態度が無愛想であったり、失礼であったりする ―――――――― 二〇%
お客様とのコンタクトが不足している ―――――――――――― 一五%
約束が完全に履行されていない ――――――――――――――――― 八%
その他 ―――――――――――――――――――――――――――――― 一三%

ここで念のために申し上げますが、これは顧客の不満を調査し分析したものであって、満足しお褒めいただいている声は、この何十倍も何百倍もあるということです。

さて、この結果を踏まえて、私たちは二つのテーマを設定しました。

一、お客様の相談や苦情などに対して、誠実な関心を示し、親身になって対応する「お客様第一意識」の徹底

二、お客様と自信を持って話ができ、信頼関係を築けるコミュニケーション・スキルの強化

さらにこのコースが、従来の単発的な講座などと違うことを説明しました。

それは多くの受講者が集合してトレーニングを受ける集合教育であることと、そこで学習したことを職場や家庭で実践することの二つを組み合わせたトレーニングで、参加した受講者の意識と行動を確実に変革するものであることです。

そして、①知識の習得――②職場での実践――③知識のスキル化、をくり返すサイクルによって、習慣化し真に自分のものとすることをつぎのように説明しました。

①知識の習得
○講師のレクチャーによって、お客様との信頼関係を構築し有効なコミュニケーションを行なうのに必要な知識を習得します。
②職場での実践
○実際のお客様への対応や、職場の上司・同僚・部下とのコミュニケーションの場面で、コースで公約した内容を日々実践します。
○この実践を通じて、今まであった自分の心の中の壁を一つずつ打ち破ってゆくことができます。
③知識のスキル化
○職場での実践結果を受講者全員の前で発表します。これは自分の思いを相手にうまく伝える訓練でもあります。
○各自の実践結果を全員で評価し、改善ポイントを討議することにより、実践で身につけたコミュニケーション・スキルを、より確実なものにしてゆきます。
こうした準備を経たのちに、第一回目のパイロット・クラス（先導クラス）を行ないました。

場所はマツダトレーニングセンター鯛尾（広島）、参加者は中国地区のディラーからアドバイザー二〇名、二カ月にわたって六回の研修を行ないました。

このプログラムは、デール・カーネギー・トレーニングの山本悠紀子代表と打ち合わせを重ねてつくった特別プログラム「マツダ専用コース」です。

山本代表は、これをきっかけに、「日本の自動車業界に新旋風を巻き起こそう」という意気込みで、「顧客満足」を焦点に、「より良く、より早く、より確かなものを、より少ない時間で」をモットーに、プログラム作成に知恵をしぼって下さいました。

山本代表は「このクラスの受講者ひとりひとりが、自発的に自己啓発に取り組み、受講後もそれぞれの職場で明るく生き生きと楽しく仕事に取り組み、人間関係の再構築に飛躍的な効果を得られるよう期待しています。そうすれば、マツダの車が日本中の街で輝き、多くの人々に笑顔で迎えられるようになるでしょう」と、抱負を語っておられます。

受講者の声

六回のセッションのうち三回を終了した時点で、受講者の声を集めてみました。

○今までのセッションで学ばせてもらって、お客様との人間関係の強化だけじゃなく、仕事場での人間関係も重要であるということを、すごく思いました。（岡山マツダ・Tさん）

○まずは、この研修に参加できたことをたいへんうれしく思います。まだ半分しか受講していませんが、自分自身を変えるチャンスの第一歩を踏み出しました。残りの研修も楽しみにし

ています。（広島マツダ・Mさん）

○デール・カーネギーの研修は六回のセッションで、今回学んだことを店舗で実践し、その結果を次回のセッションで発表するという、良い研修会に参加させていただき、たいへん良かったと自分自身感じています。今後、店舗での仕事に役立て、また、自社社員にも伝えてゆきたいです。（山口マツダ・Mさん）

○今回の研修は、今までにない内容の研修会です。サービス・スタッフだけでなく、全社員が研修を受講できるように、これからも続けていってほしいです。（島根マツダ・Nさん）

○自分はお客様と接する時に、今まではただ受け付けをセオリーどおりにして工場（現場）に伝え、できあがった車を引き渡すだけだったことに気がつきました。セッション1を受講後は、忙しい中でもお客様とゆっくり話ができるように心がけ（自己啓発）ています。セッション2、3受講後は、さらに新しい領域にはいり、上司・同僚・部下に対して、居心地の良い領域を自分から抜け出し、違う接し方を学び実行（ブレイク・スルー）すると、少しですが、あっという間に効果が現われたので、すべてを早く自分のものにし、みんなに伝えたい（共感を持ってもらう）です。（MEF岡山・Nさん）

○アドバイザーになったばかりで、接客応対に自信がなく、この研修に参加することで、接客のコツ、話のコツを学ぶことができた。すぐに効果が出るわけではないが、継続することで必ず自分の力になると思います。会社の方にも、研修をサポートしてほしい。
（ＥＦ広島・Ｗさん）

○セッションの中で少し照れくさい体験もありましたが、人と対話してゆく上でのカラを破ることができるきっかけにはなったと思います。後半のセッションでは対話の中身に関してのスキル・アップができれば良いなと思います。（ＥＦ広島・Ｋさん）

○人前で話をするのが苦手なのですが、話し方のコツ、人との接し方を教えていただきました。これからの接客などに役立ててゆきます。（米子Ｍ・Ｎさん）

以上のように、受講者はたいへん有意義であったと評価しています。これは、これまでマツダが実施してきたすべての研修の中で、もっとも参加者満足の高い評価を得たのです。

また、このパイロット・クラスに受講生を参加させたディーラーの代表者と話をしましたが、結果に対して満足していて、興奮していました。

「A君は、本当にエネルギッシュになったよ」

「本当に熱意を感じることができるんだ」

「他の従業員とも、よく仕事をこなしている」

マツダは新しく変わったことを実感するようになったのです。

新しい車ではなくて、新しい接客です。

私たちは顧客との関係を向上させるために、このほかにもサービスについてたくさんのことに取り組んでいますが、ここでのテーマとずれますので、それは割愛します。

マツダは顧客満足（CS）に関して、現在のところ、ナンバーワンではありません。しかし必ずそこに到達します。デール・カーネギーのゴールデン・ルールを活用してそれを達成してゆきます。

2 二十一世紀のカルビーとデール・カーネギー・トレーニング

カルビー株式会社　人事グループマネージャー
南　伊佐夫

カルビーという会社

カルビー株式会社がデール・カーネギー・トレーニングを通じて、新しいカルビーに生まれ変わりつつあるという姿を、ご紹介したいと思います。

まず簡単に私どもの会社の概要を説明させていただきます。

「カルビー」という社名の由来は、カルシウムとビタミンB１の合成語です。五十数年前の戦後の食糧難の時代に、健康の二つのキーワードを組み合わせて社名としたもので、一九四九年に設立された会社です。

売り上げ高は一〇〇〇億円を前後しており、従業員数は約二四〇〇名です。

当社の商品をご紹介しておきます。まずは、皆様おなじみの「かっぱえびせん」、これはカルビーを全国ブランドにした商品です。それに健康スナックの代名詞とも言える「野菜スナック」、そしてカルビーの名前を全国津々浦々に知らしめた「ポテトチップス」、さらに欧米諸国の朝食メニューに欠かせない「シリアル」、スナック業界では近年のビッグヒットといわれる「じゃがりこ」も主力商品に成長してきております。

こうした商品によって、平均して日々三〇〇万袋以上を皆様のもとへお届けし、年間ひとりあたり一〇袋くらいを食べていただいている勘定になります。

これを私どもの業界であるスナック・マーケットの中で見ますと、シェアは四〇%台を占めています。

先ほど述べた当社の商品別の売り上げ構成比を見ますと、つぎのようになっています。

ポテトチップス	五一%	シリアル	六%
じゃがりこ	一六%	その他	一五%
かっぱえびせん	一二%		

「ポテトチップス」が約半分を占め、成長期にある「じゃがりこ」がナンバー2という位置づけです。

三十カ月アクションプラン

カルビーでは、一九九九年に三十カ月アクションプランという形で会社の方針を提示しました。その中心は、４Ｓの実現ということです。

４Ｓとは、「顧客の満足」のＣＳ（Customer Satisfaction）、「従業員満足」のＥＳ（Employee Satisfaction）、「社会満足」のＳＳ（Social Satisfaction）、「地球満足」のＧＳ（Global Satisfaction）の四つのＳで、企業の営みに関するすべてのものに対する満足を実現しようというものです。言葉は簡単ですが、実現はなかなかむずかしく、まさに「言うは易く行うは難し」を実感しています。

カンパニー制

当社では、一億二〇〇〇万人の皆様に「いつでも、どこでも、安心して」カルビー製品を食べていただけるように、全国を七つの地域に分けた「地域カンパニー」を編成し、担当エリア分けをしています（図１）。これは完全な分社化を意味するものではなく、あくまでもバーチャルなものです。それぞれのカンパニーにポテトチップスの工場が配置されていて、週六日操業で、いつでも新鮮な商品をお届けする供給体制を整えています。

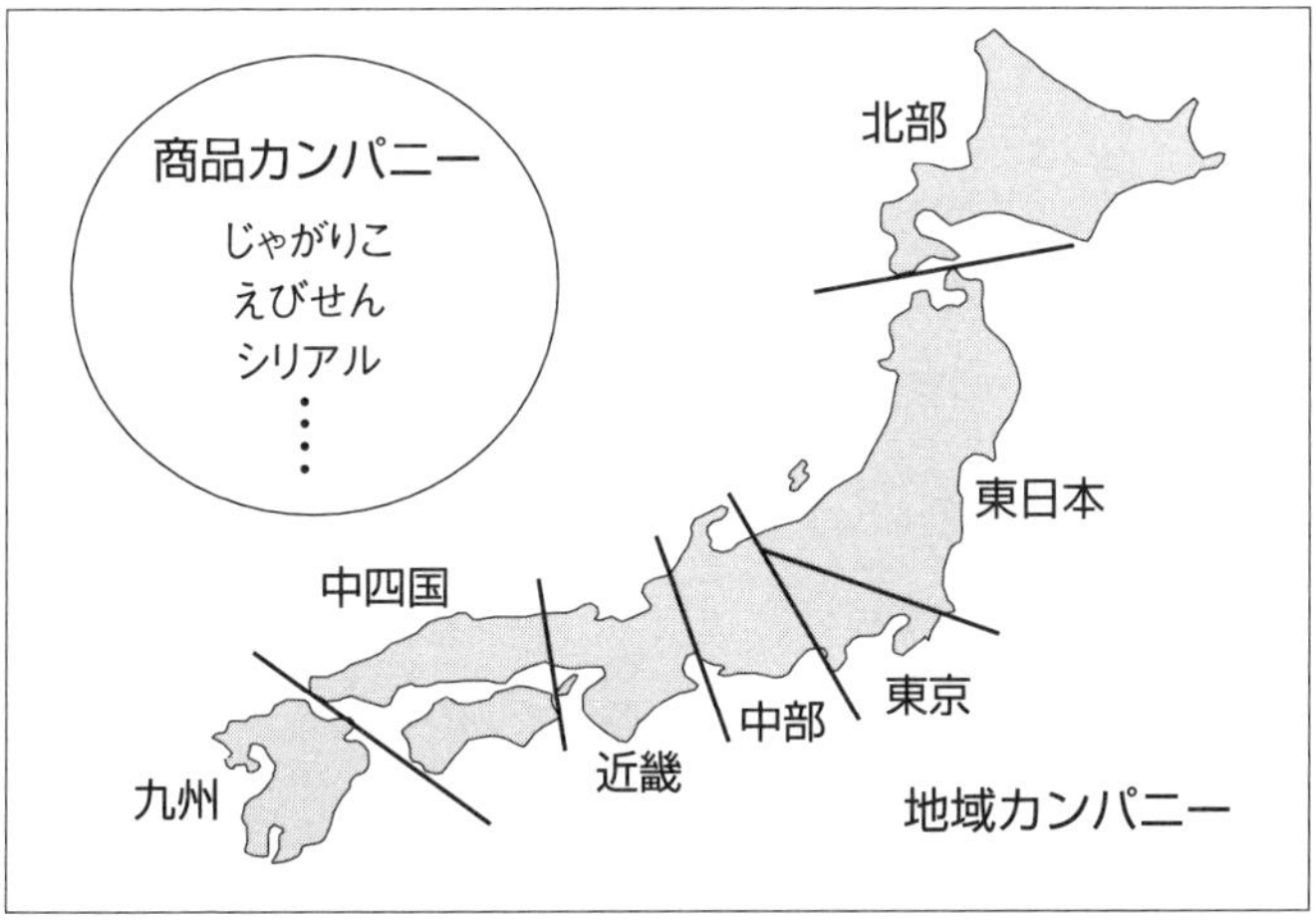

図1／カンパニー制の編成

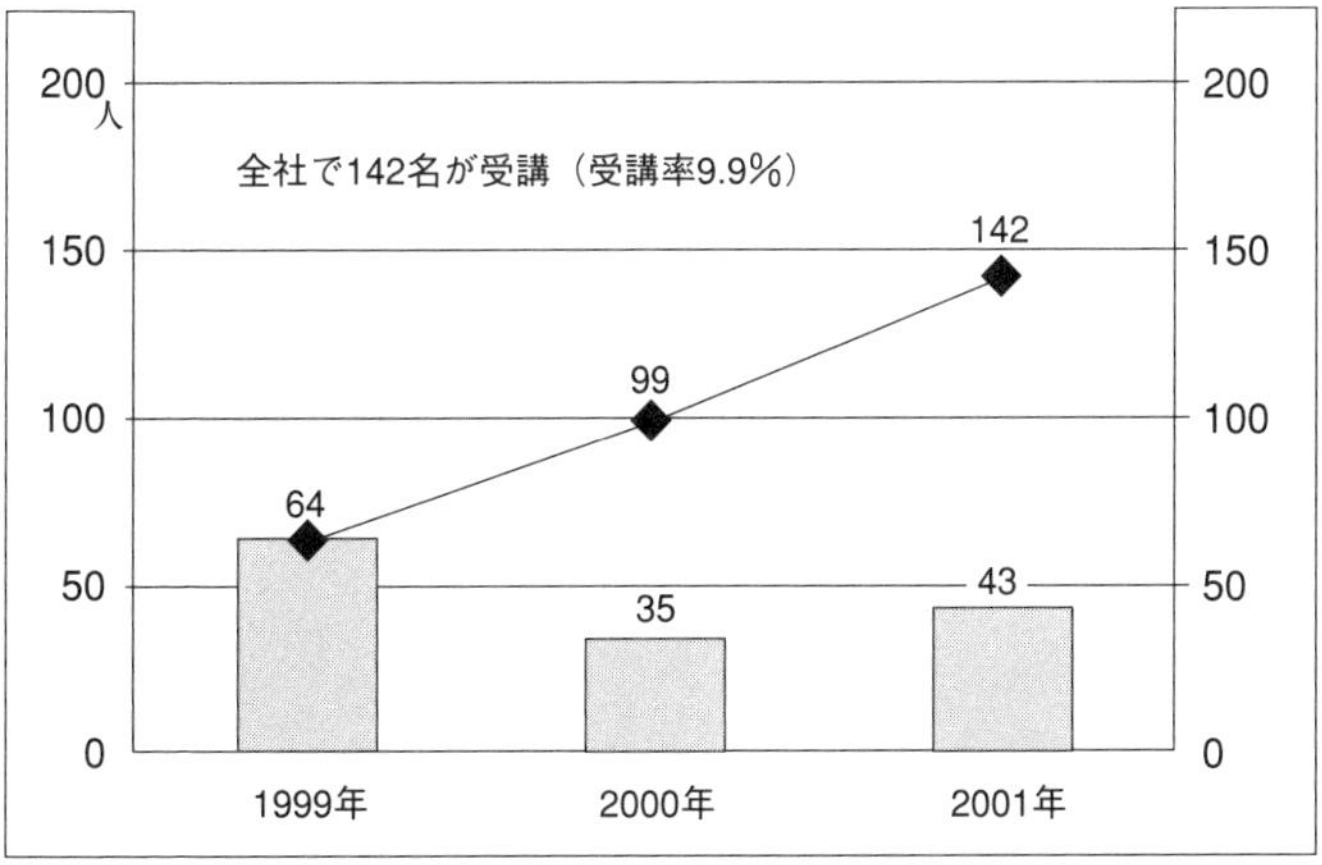

図2／カーネギー・トレーニング受講者数（3カ年）

また、各地域カンパニーに横串を入れる形で、商品カテゴリー別に、五つの商品カンパニー制も組み合わせた体制にしています。

デール・カーネギー・トレーニング

さて、こうした商品を皆様にお届けしている当社では、やはり現場がいちばんお客様に近いということから、「現場主義」を標榜しております。お客様からいろいろなニーズが上がった時に、すばやく対応するのが現場です。そして、その現場の実力を高めるためには、リーダーの成長が不可欠であろうという結論に至りました。そこから、今一度リーダーの研修のあり方を見直そうということで始まったのが、デール・カーネギー・トレーニングの受講です。

一九九九年三月に、リーダー育成の柱として、デール・カーネギー・トレーニング研修の導入を意思決定し、早速、六月には全国のマネジャー・リーダーを対象に研修をスタートし、六四名が受講いたしました。その後、成果の定着と拡大をねらって、取り組みを継続し、対象者も広げてゆきました。

三年間でリーダーとなるべき一四二名が受講しましたが、この受講者の正社員（約一四三〇名）に占める比率は九・九％です（図2）。

この一四二名を、地域カンパニー別にグラフ化してみました（図3）。

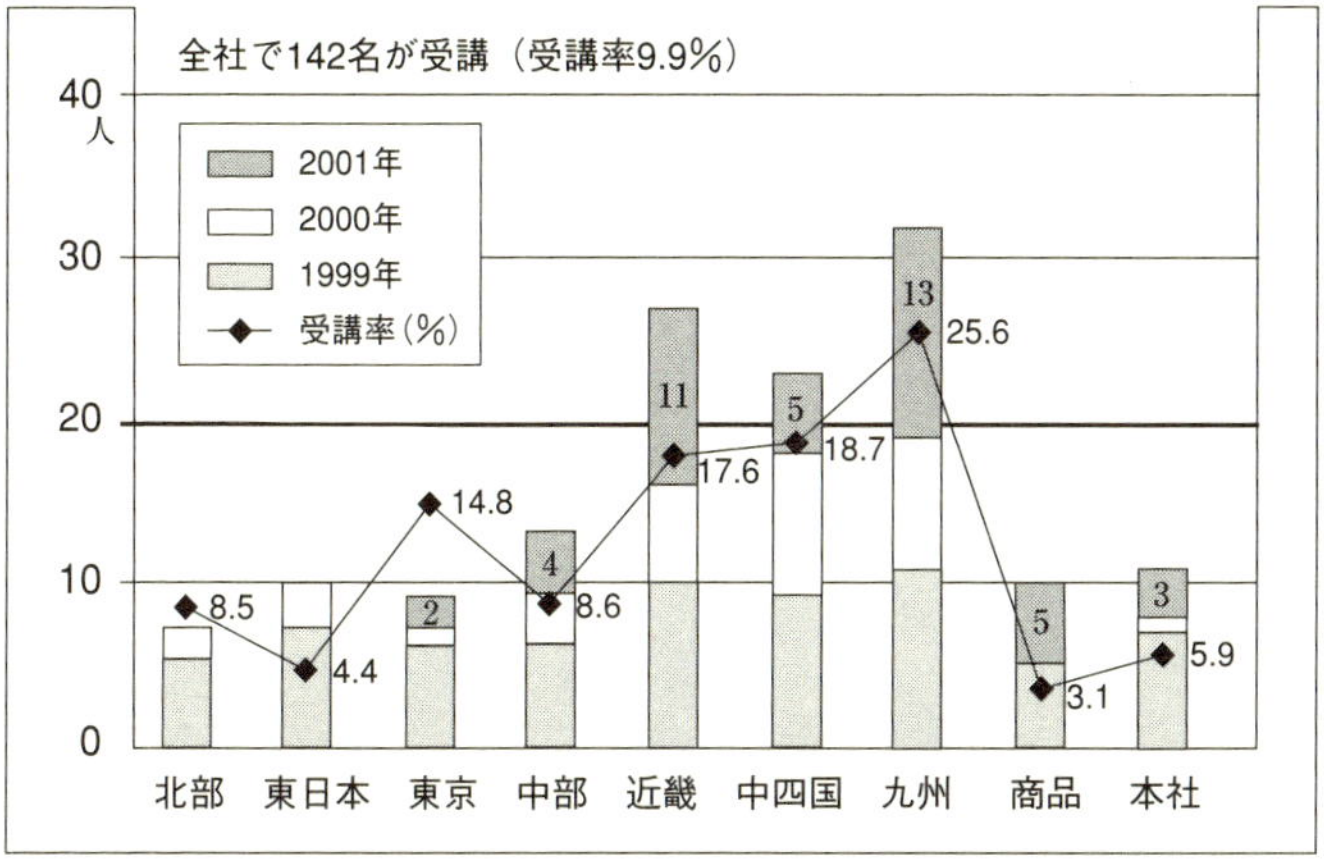

図3／カンパニー別カーネギー・トレーニング受講者数（3カ年）

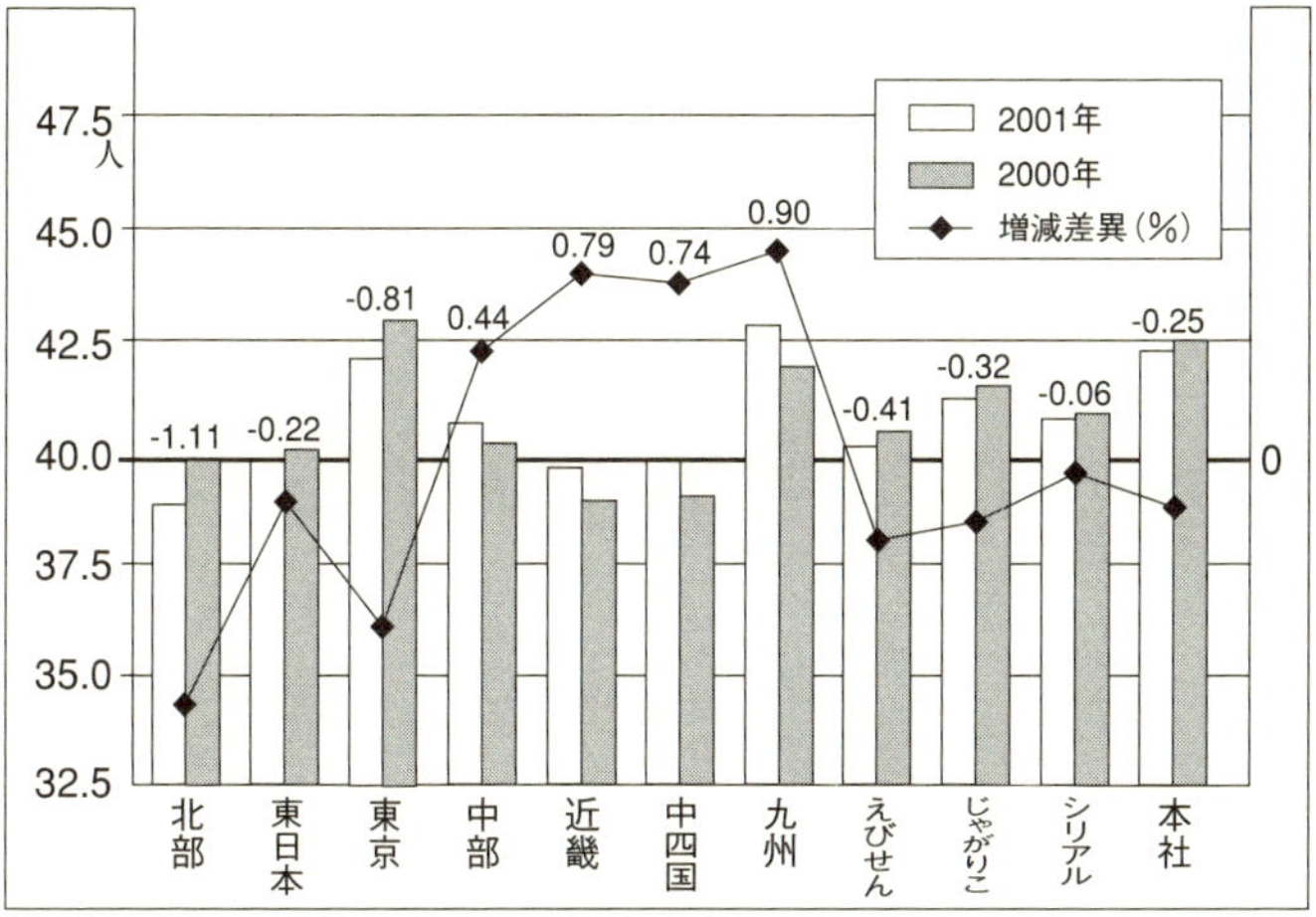

図4／人事調査表（全11項目増減差異）

棒グラフは、一年ずつ受講者数を積み上げたものです。一年目は強制的に送り込みましたので、ほぼどのカンパニーにも受講者がいます。二年目、三年目は残念ながら全国が同じ水準でなく、ばらつきが出てきています。また折れ線グラフは地域カンパニーの社員数に対する受講者の比率を示しています。

その中で特筆すべきは、九州カンパニーが人数で三一名、比率にして二五・六％という大きな伸びを示していることです。

デール・カーネギー・トレーニング研修に対する評価

この九州カンパニーの事業責任者ＣＯＯが、全国の会議の場で受講生の受講レポートを発表したことがあります。

「研修を通して、自分を見つめ直すことができました。さらに業務課題を達成するためには、メンバーの協力が必要です。協力を得られるようにリーダーシップを発揮してゆきます」

このＣＯＯは、「このように自己の再発見として評価する人もあるなど、デール・カーネギー・トレーニングは、本当に良い研修だと思うし、この空気を広めてゆくことがとても大事だ」と報告しました。

事務局としてこの研修を推進してきた私には、非常にうれしい、励みになる報告でした。

私どもでは「人事調査表」というものを、毎年、アンケート方式で実施しております。これは組織診断・従業員意識調査を目的としたもので、4Sの一つである従業員満足度の評価指標となるものです。

その調査結果をグラフ化したのが図4です。

一一の項目について回答してもらい、その合計点をカンパニー別に棒グラフで表わしています。それぞれ二本の棒グラフが並んでいますが、右が二〇〇〇年度、左が二〇〇一年度です。左のほうが高いということは、前年度より従業員満足度が高くなったというわけで、好ましい状態です。

折れ線グラフは増減差をポイントで示したものです。二年で差がなければゼロであり、ゼロより上ということは前年度より良くなったということです。

カンパニー別に見ますと、ゼロより上になっているのが、中央の四カンパニーです。いちばんトップは、九州カンパニーです。前年度よりも大幅に伸びているとともに絶対値でも全国ナンバーワンとなりました。

むろんこのグラフがすべてではなく、また数値化できない要素も多々ありますので、これですべてを推し量るわけにはゆきません。さまざまな要素が入り混じっての結果でありますが、従業員の素直な気持ちの表われととらえて、大切に扱いたい指標であると思っています。

さて、お気づきかもわかりませんが、このグラフの山の形は、先ほどのデール・カーネギー・トレーニングの受講者のグラフ（図3）とよく似ています。

実は業績面でも、九州カンパニーはあらゆる項目で全国のトップレベルに立っております。これらの事象を見ていると、このデール・カーネギー・トレーニングが何らかの形で寄与しているものと実感しています。

受講者比率二〇%を目ざして

こうした結果を踏まえて、私ども人事のほうから、デール・カーネギー・トレーニングをもっと受講してほしい、受講者比率二〇%を目ざしてほしいと、会議でも提示し、社員に推奨してまいりました。

こうした経緯から、二〇〇二年は五一名が受講しました。

先に一九九九年から二〇〇一年までの三カ年の、デール・カーネギー・トレーニング受講者数を見ていただきましたが（図3）、さらに一年後の二〇〇二年までの四年間の受講者数のグラフ（図5）をご覧ください。

棒グラフのいちばん上が二〇〇二年の受講者数で、全体で五一名が受講して合計一九三名、全社員に対する受講者の比率は一三・三%となりました。

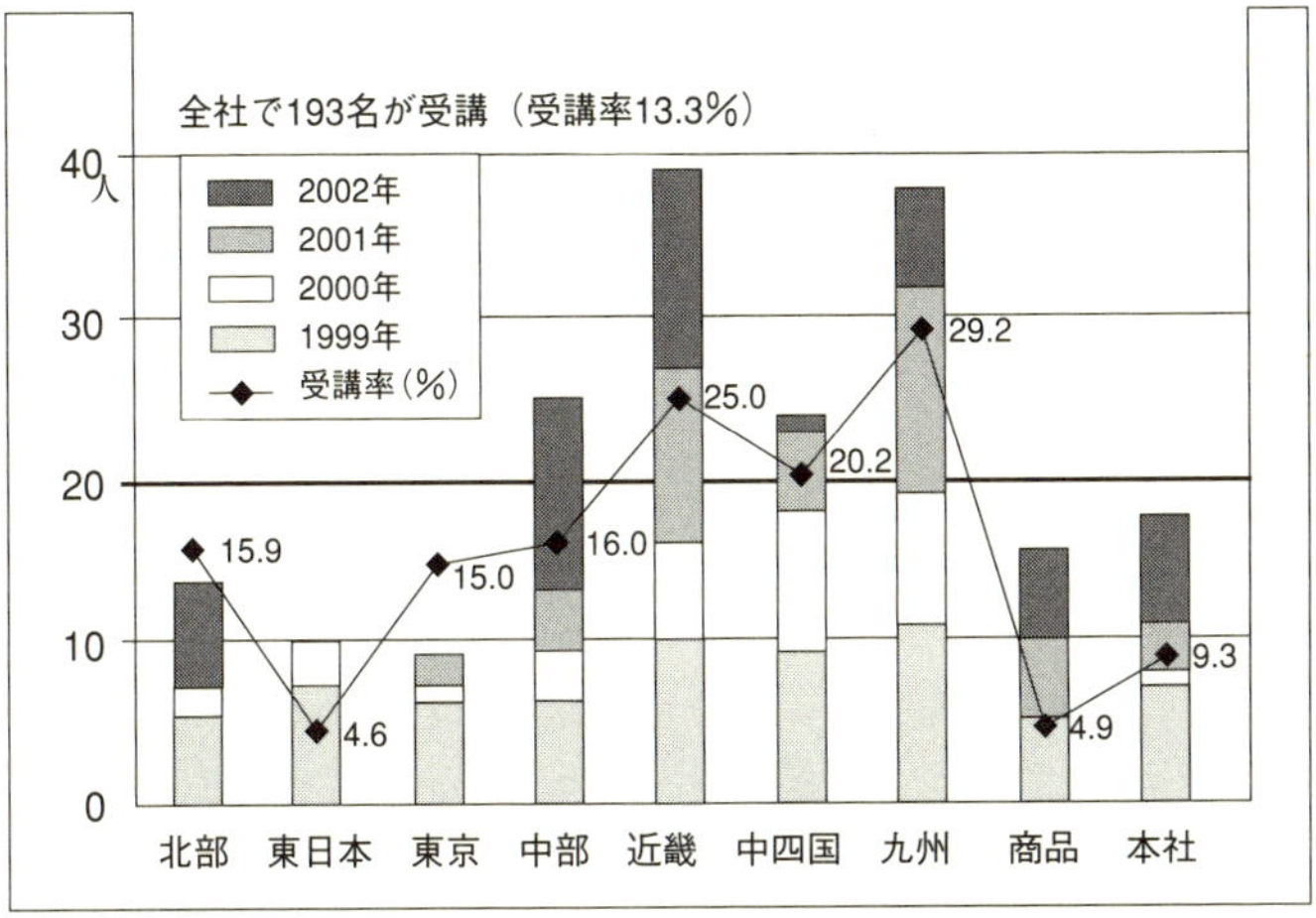

図5／カンパニー別カーネギー・トレーニング受講者数（4カ年）

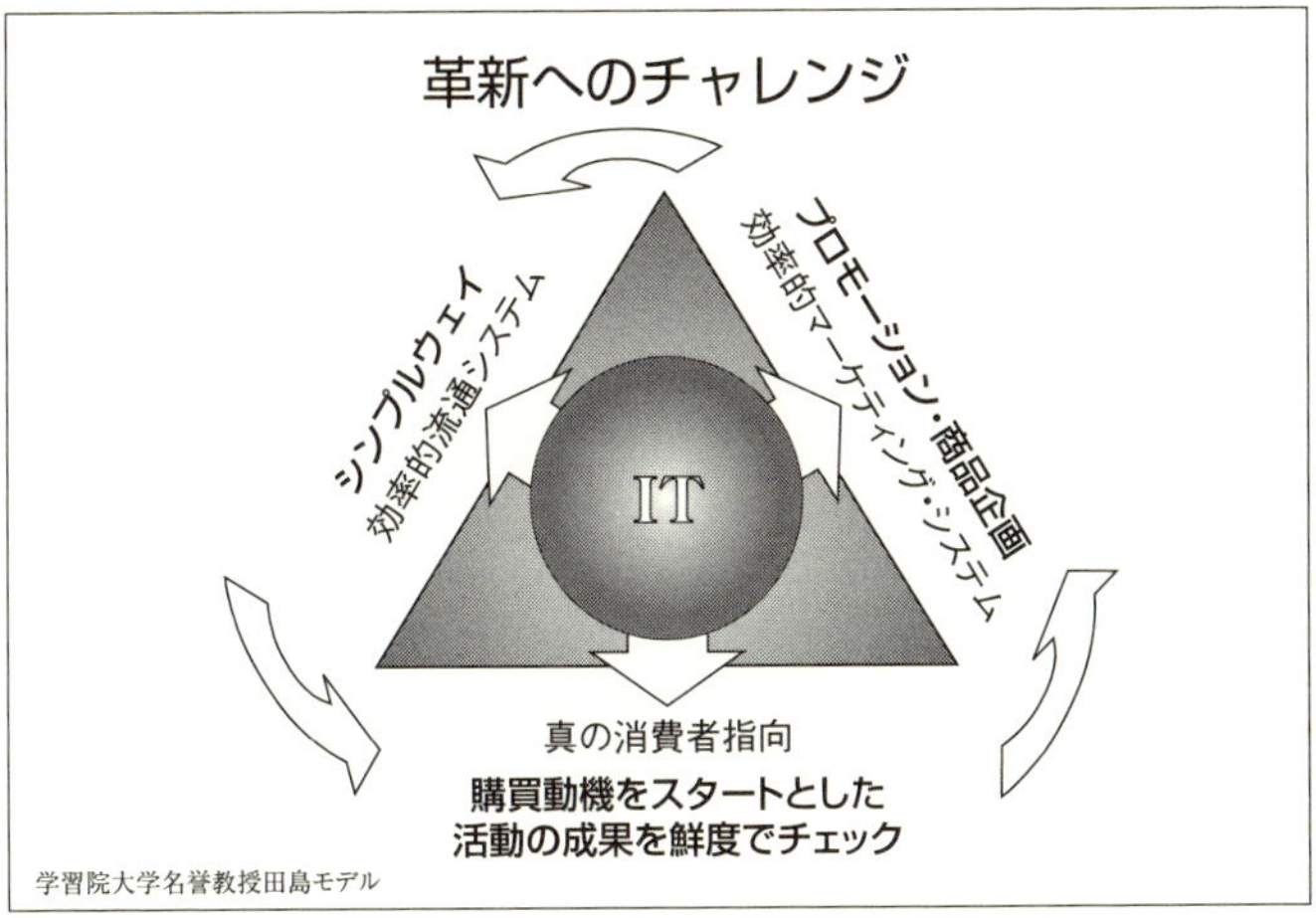

図6／21世紀型ビジネスモデル

また、各地域カンパニーの社員数に対する受講者数の比率を示す折れ線グラフも、図3と比較して変化しています。

注目していただきたいのは、今年の受講者は、今まで継続的に受講者を出してきたカンパニーはもとより、これまで遅れていた北部カンパニーとか、本社が伸びていることです。目標の受講者比率二〇%も、先ほどの九州に加えて、中四国、近畿の二カンパニーが超えました。さらに今年の受講者数を大幅に伸ばした北部、中部カンパニーも来年には二〇%を達成してくれると思っています。

全国規模で見ましても二〇〇名の大台が見えてきました。引き続き二〇%を目標に、人事からも継続的に推進してゆく予定です。

社員研修は、企業にとって重要な投資の一つです。この投資はさらに大きな成果となって企業に還元され、そして人材そのものの成長として表面化することを期待してやみません。

「企業は人なり」と申しますが、それは経営者などトップクラスの一握りの人々のみのことではありません。全従業員のボトムアップ（底上げ）があり、互いに切磋琢磨して人間力を鍛え合い、その中から優秀なリーダーが出現し、あるいは個性に応じた場を得て仕事に邁進《まいしん》してもらいたいと願っています。そのようにして企業としての前進があり、従業員も幸福になれると信じています。人事のもっとも重要な仕事はここにあります。

こうした観点から、デール・カーネギー・トレーニングをいかに生かしてゆけるかが、きわめて重要なこととなります。

二十一世紀型ビジネスモデル

カルビーでは、二十一世紀型のビジネスモデルにチャレンジしています。これは、学習院大学の田島名誉教授のお考えを参考にしたものです。真の消費者指向、効果的なマーケティング・システム、効率的な流通システムの三つのサイクルをきっちりと回し、その中心にはＩＴを軸とするというビジネスモデルを確立することに挑戦しています（図６）。

マネジメント革新――バランス・スコア・カード

また、マネジメントの革新の中核として、バランス・スコア・カード（ＢＳＣ）を採り入れています（図７）。これは戦略ビジョンにリンクする形で、企業活動を財務の視点からだけではなく、顧客の視点、ビジネス・プロセスの視点、そしてもっとも大切な学習と成長の視点から体系化したものです。

これを基本的なコンセプトとし、カルビーでは多少アレンジして、その中心に日々の活動の評価というものを置いています。日々の活動の評価は、消費者の評価となって表われ、結果とし

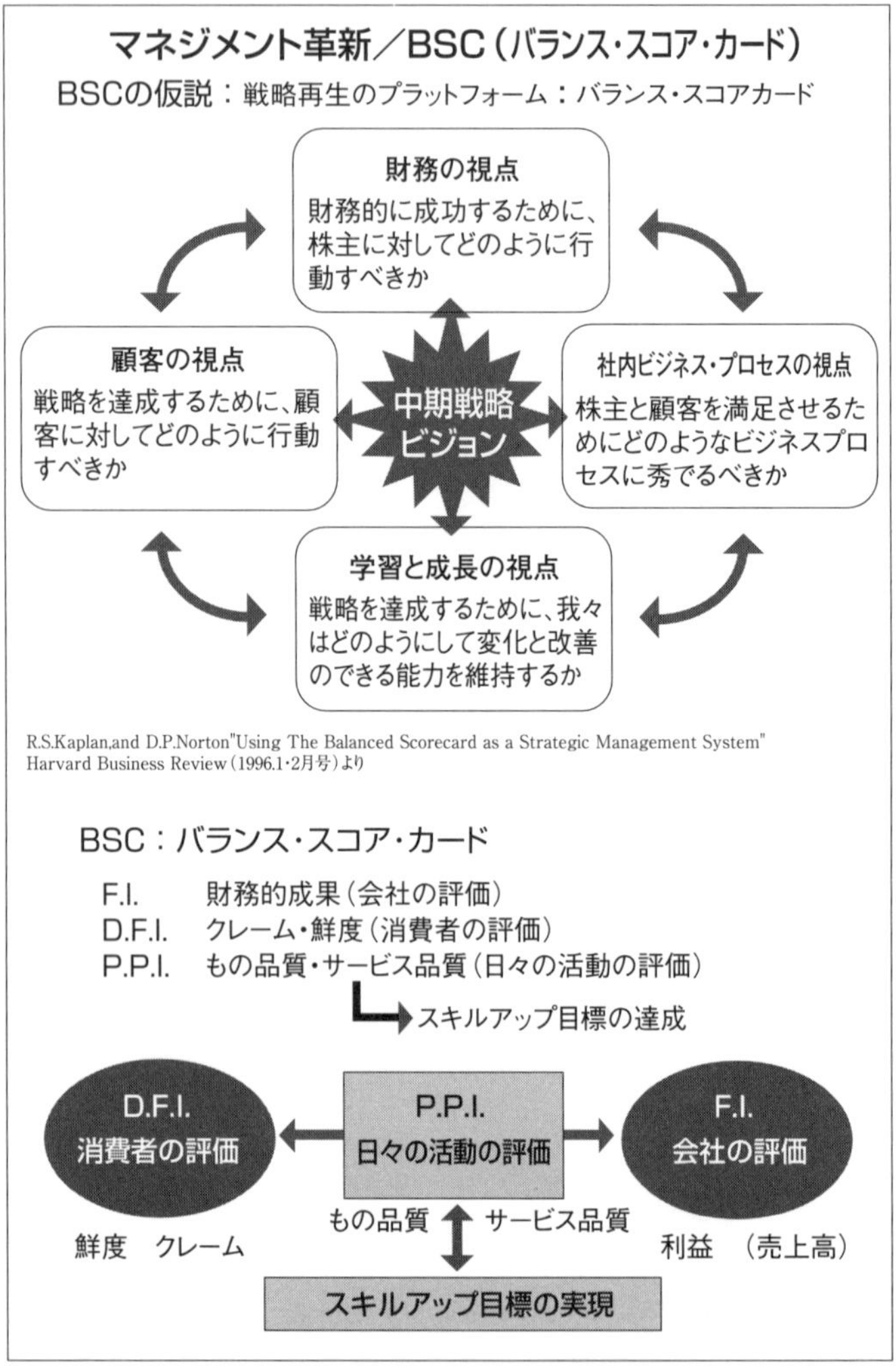

R.S.Kaplan,and D.P.Norton"Using The Balanced Scorecard as a Strategic Management System"
Harvard Business Review（1996.1・2月号）より

図7／バランス・スコア・カード

て、会社の財務的な評価となるという構図です。そして、日々の活動の評価を高めるのは、やはり、個人のスキルアップを、創造的に、そして継続的に実現することにかかっていると考えています。

連携品質管理——10《テン》プロマネジメント

また、たとえばカルビーの基幹事業であるポテトチップスを例にとりますと、馬鈴薯の種子から店頭までを一〇のプロセスに分解して、それぞれの工程ごとのインデックスを明らかにし、評価指標として明確化しています。それぞれのプロセスで完璧な作業が行なわれているかをチェックするわけです。

近年、消費者の製品品質に対する意識が高まり、安全に対する関心度が高くなっていることを考えますと、このような連携品質管理は、万一、消費者からのクレームなどが起こった場合、どの工程にどのような問題があったかが、追跡調査できるという意味でもきわめて重要です。こうしたトレーサビリティ（追跡可能性）を、特にＩＴと融合させることによって高めてゆくわけです。

このような意味でも、情報を重視しなければなりません。従来、経営の三資源は、「ひと・もの・かね」と言われてきましたが、いまではこれに「情報」を加えるべきだと言われているのもうなずけるところです。

シックス・シグマ

人材育成研修としては、デール・カーネギー・トレーニングのほかに、もう一つ重要なプログラムがあります。シックス・シグマです。これはアメリカのGE社で実施され成果をあげたことで有名です。

さまざまなプロセスで発生する課題を解決してゆく手法として、わが社での導入を決定しました。プロジェクトメンバーをグリーンベルトと称し、その上にプロジェクトリーダーであるブラックベルト、さらに上に責任者であるチャンピオンを置いた三角形の構図になっています（図8）。

現在は、ブラックベルト一期生の認定も無事終わり、この認定者たちが推進役となって、みずからがリーダーとして課題解決に取り組む体制を確立しました。またこのブラックベルトは、グリーンベルトを育成する担当者となり、シックス・シグマの全社展開にあたります。

現場の一二〇の全ユニットに、ブラックベルトやグリーンベルトを配置する活動を展開しています。

このシックス・シグマは、行動様式そのものを変えて、目標達成のためのスキルをアップする研修と言えます。

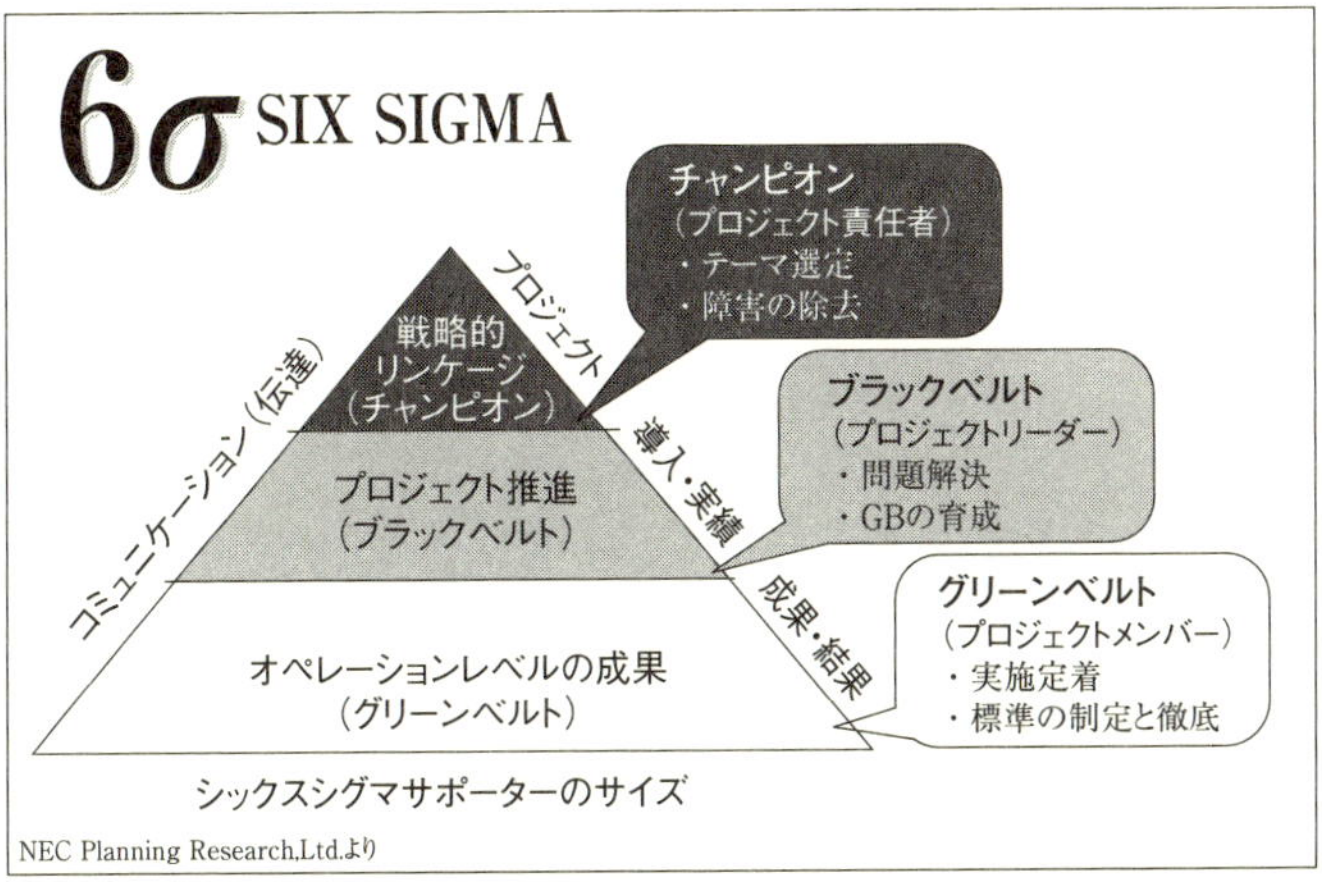
6σ SIX SIGMA
チャンピオン
（プロジェクト責任者）
・テーマ選定
・障害の除去
プロジェクト
戦略的
リンケージ
（チャンピオン）
ブラックベルト
（プロジェクトリーダー）
・問題解決
・GBの育成
コミュニケーション（伝達）
導入・実績
プロジェクト推進
（ブラックベルト）
グリーンベルト
（プロジェクトメンバー）
・実施定着
・標準の制定と徹底
成果・結果
オペレーションレベルの成果
（グリーンベルト）
シックスシグマサポーターのサイズ
NEC Planning Research,Ltd.より

図8／シックス・シグマ

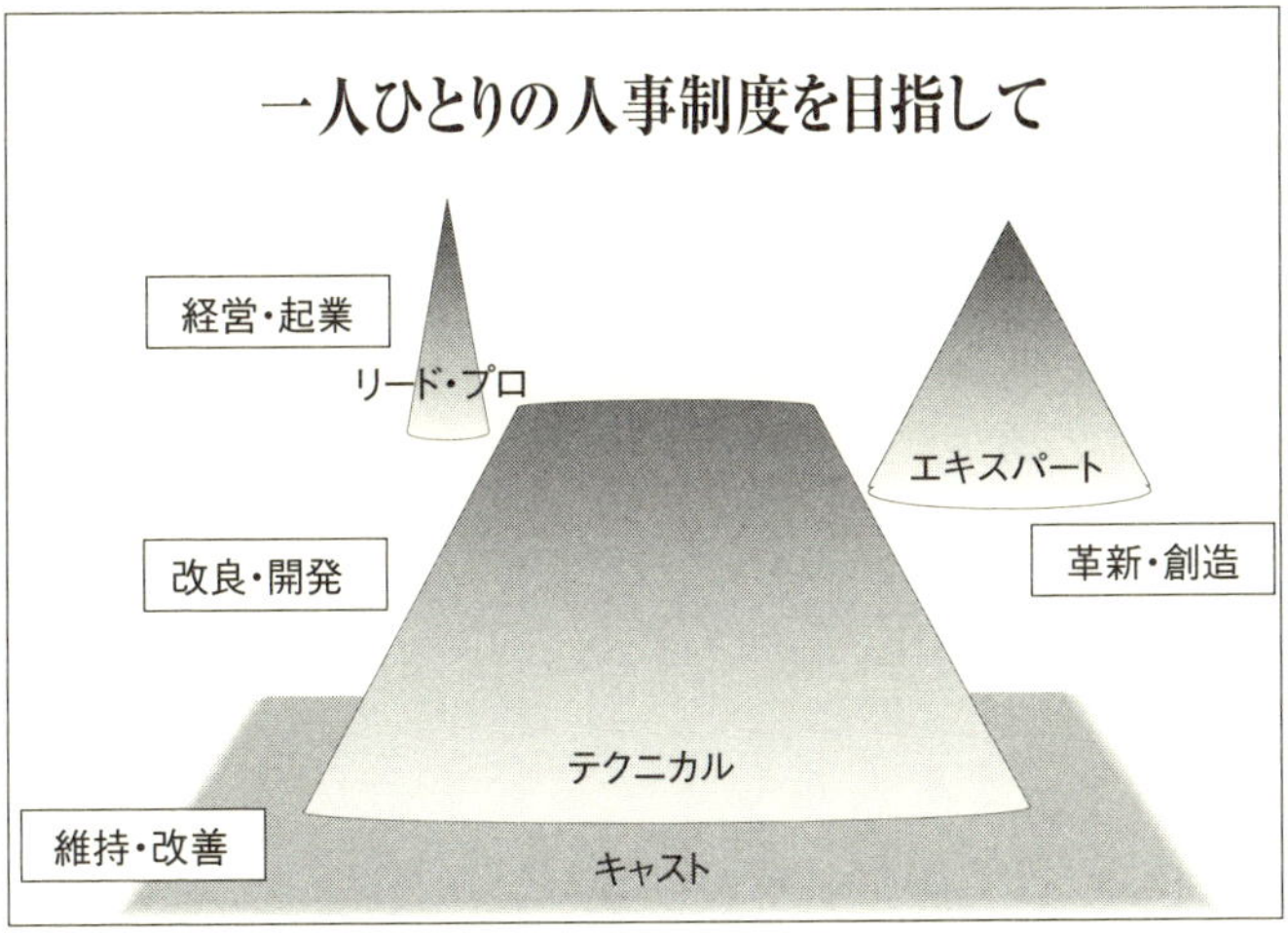
一人ひとりの人事制度を目指して
経営・起業
リード・プロ
エキスパート
改良・開発
革新・創造
テクニカル
維持・改善
キャスト

図9／新人事制度の体系イメージ図

新人事制度

カルビーでは、人事制度も改定中です。これは従来の平等・一律方式から、公平・個別方式への変更を意識した改定で、個人と企業の関係を二十一世紀型に転換しようとするものです。すなわち、企業はビジョン・戦略を示し、従業員に活躍の機会と場を提供します。個人は自己実現のために活躍できる場をみずからが求め、みずからが参加する構造です。

全体の仕組みは、現在日本の多くの企業が採り入れつつある業績主義ですが、私たちはその理念として「お客様主義の人事制度」を謳っています。お客様の満足を実現するために、従業員は意欲を持って仕事にあたり、その結果を正しく評価するための従業員支援の仕組みが、この新制度なのです。結果として、個人は誇りと自己実現を得、企業は競争に打ち勝つための人材を確保します。これが新しい企業と個人のあり方です。

図9のように、四つにグループ分けされます。経営・起業を担うリード・プロ、革新・創造を担うエキスパート、改良開発を担うテクニカル、維持・改善を担うキャストです。

以上のように、カルビーでは二十一世紀型の企業へと変革を重ねています。しかし私たちが志してきわめて具体的な問題もあれば、大きく理念や構造の問題もあります。

いるものが、旧来の上からの管理ではなく、従業員が喜んで働ける企業にしたいという点にあることはご理解いただけたと思います。そしてそこに集う従業員も、十年一日のごとく日々を送っていたのでは、個人としての成長もなければ幸福の追求もできないのです。すべては、上から与えられるのではなく、ひとりひとりが創ってゆくものだということです。

今後も、人材育成のプログラムを豊かなものにしたいと考えています。中でもデール・カーネギー・トレーニングは、内に熱い心を持った円熟した人格を目ざす重要なプログラムとして位置づけられてゆくと確信しています。

最後に、デール・カーネギーの言葉で締めくくりたいと思います。

「機会を逃すな！　人生はすべて機会である」

「いちばん先頭を行く者はやる気があり、思いきって実行する人間である」

非常に感銘を覚えた言葉です。

私たち人事担当が目ざすのは、従業員のひとりひとりが、自己変革を確信できるか、実感できるか、ということです。これを従業員に問いかけてきたわけですが、一年後には「私は変わりましたよ」と言ってくれる人に、何人会えるか楽しみにしています。「革新するは我にあり」、そしてまた「確信するは我にあり」。

デール・カーネギー・コースの卒業生は、すでに確信されていると思いますが、引き続き大きな革新に向けてチャレンジしてゆかれることをお祈りします。

第3章

デール・カーネギー・コース体験記

DALE
CARNEGIE
TRAINING

なぜこんなに急に世界が変わってしまったのだろう?

化学メーカー勤務　尾崎和則（仮名）

＊

「明日の室長とのミーティングで説明するアクションプランを立ててみました。資料を見ていただけませんか?」

「よし、その内容で大筋はＯＫだ。ところで、室長がいちばん気にしているのは、われわれのアクションが、グループ全体のミッション（使命）に沿っているかどうかだと思うのだけど、その点についてはどう思う?」

「わかりました、それぞれのアクションについての目的をもう少し明確な書き方にします」

「うん、そこまで配慮すると完璧だね。訂正が終わったら、ボクの資料と合わせてグループリーダーのところに事前説明に行こう」

これまでは、こちらから聞かないと状況さえ教えてくれなかった後輩が、積極的にアプローチしてくれるようになりました。

事前説明を行なったあと、グループリーダーから言われました。

「はっきり言って、お前が仕事を動かしてくれていて、他の連中のフォローアップに回ってくれているから、マネジャーとしての俺の仕事はメチャメチャ楽なんだよ。この調子でつぎの四半期に入ろうな」

それは、入社以来十年以上のこれまでのサラリーマン生活で言われたことのないような、ほめ言葉でした。

しかしこのような状況は、十二週間にわたるデール・カーネギー・コースを修了するまでは、考えてもいなかったことなのです。それどころか、受講前までは、「リーダーシップなんか平社員の自分には関係ない」、あるいは「自分自身のことが手いっぱいなのに、他人のことまで関わる暇なんかない」とさえ思っていたのです。

「何でも自分ひとりでやって見せる」

いつのころからか、自分をアピールするためには、それしかないと思い込むようになっていました。「とにかく自分ひとりの責任においてケリをつけよう、チームワークなんか糞食らえだ！」と。

上司やグループメンバーなんて、いちいち会議を開いてコンセンサスをとるための、単なる社内手続き上の障害ぐらいにしか考えていなかったこともありました。ましてや、「今君にやってもらっているテーマは、もうひとりぐらい要るだろう」などと言われた時には、自分の能力を否定されたようで、屈辱感でいっぱいになっていました。

そのようなひとりよがりの性格だったので、これまでもグループの中で浮いたようなポジションだったことが多く、人間関係さえままなりませんでした。そのうちに、自分自身の居場所がないと感じはじめて、精神的にも追いつめられました。

このような中で、会社の推薦プログラムにもあったデール・カーネギー・コースに、藁にもすがる気持ちで申し込みました。

デール・カーネギー・コースでは、あなたはここが間違っているとは教えてくれません。教えてくれるのはゴールデン・ルールと呼ばれる人間関係の三〇のルールと、人との接し方です。そして毎回、目標を設定して、実際にルールに従って実践し、その結果をプレゼンテーションする。それを他のクラスメンバーと毎週くり返してゆくのです。

私の場合、コースで与えられた人間関係の課題を職場において実践してゆく中で、チームメンバーから頼られている自分というものを発見し、びっくりするとともにとまどいました。

「なぜこんなに急に世界が変わってしまったのだろう?」

そこで初めて、これまでの状況を引き起こしていたのが、偏狭な考え方を持っていた自分自身であったことに気がついたのです。

その発見の原動力が、クラスメンバーの話を聞くことであり、トレーナーのコーチングであり、そしてアシスタントの方の励ましだったのです。それが、十二週間一緒に学んだクラス全員でのチームワークの成果であり、全員が共有できる喜びでもあったのです。これは、本や短期間の研修では味わったことのない経験でした。

私はいま、自信を持って言うことができます。仕事も自己啓発もチームでやりましょう。そうすれば、必ずや仕事の効率が上がり、会社が楽しくなります。

人間関係の原点は家庭

光学機器メーカー勤務　細田誠一

私にとって、人の前で話すということは、とても怖いことだった。表面上は平静をとり繕っても、「お前の言うことは難しくてわからん」と言われたらどうしよう、質問されたらどうしよう、という気持ちが先に立って、言いたいことの半分も言えない。私は、自己主張できるようになりたい、と苦しんでいた。

すがりつく思いで『人を動かす』を始め自己表現に関する書籍を読んでみた。著名なリーダーシップセミナーも受講してみた。しかし頭でわかったつもりでも実践できない。どうしたらいいのか。

そんな折に、インターネットで人間関係の能力開発のサイトを検索していると、元高校理科教師のホームページに、デール・カーネギー・トレーニングのコースが魅力的に紹介されているではないか。

「コースは十二のステップで人間関係の能力を開発するプログラムである。毎週一ステップずつ十二週間で終了した。おおまかに言えば、効果的な話し方、勇気と自信の開発、記憶力の強化、リーダーシップの養成を目ざしている。（中略）コースで学んだことが日常生活で身につくためには、その後の人生において継続的な熱意を維持しつづけることが重要なポイントになる。このコース卒業はスタートラインにすぎない」と力強い言葉が並んでいた。

私は、これぞ天の助け、チャンスだ、このコースに参加せねば、と直感した。

こうして私はこのコースを受講した。

三カ月後の卒業式、夏の暑い日に妻を招待した。当日は卒業後の公約をするセッションで盛り上がり、そのあとゲストから感想を求められた妻は答えた。

「土曜日にセミナーに行くと言って、家では詳しいことは何もしゃべらなかったのですが、今日ここに参加して何をやっていたのかわかりました。

最近、ちょっと変わったことがありました。今までは子どもをほめる人ではなかったのですが、先日娘が『パパほめてくれたよ、嬉しかった』と言ったのです。胸がじーんとしました。このコースの成果だったのでしょうか。これからは卒業式での公約を確実にやってもらいたいと思います」

この日以来、デールの精神は、ただ卒業式に出席しただけの妻にも、しっかりと受け継がれた。

私の卒業式の公約は「娘と一緒にコンサートに行く」だった。娘に嫌われる原因となる「おしぼりで顔を拭くことをやめる。ゲップ・おならをしない」を実践すると宣言したのだ。ところが妻は「まず、ほめる」ことも公約としていたと言って、娘をほめないと「デールの精神はどうなったの」と痛いところを突いてくる。家庭においても、人間関係の強化を的確に応用されてしまうとは予想外の効果だった。

会社では新しい手法を業務に採り入れようと導入方法を決める会議があった。

その導入方法についてTOPマネジメントの承認を得る進め方で議論が白熱した。私は、事務局が目的も不明確なまま提案することに反対だった。そこでデールの「まず自分の誤りを話したあと、注意を与える」という法則を思い浮かべ、そしてつぎのように発言した。

「今までの手法の導入に際して、私もワーキンググループに部門代表として参加しました。その際に議論がありましたが、自分たちのやり方を変えずに、その手法を採り入れることになったのです。

ところが、自分たちのやり方を変えなかったため、無理して辻褄《つじつま》を合わせるようなことになりました。その結果は、今までのやり方が変わらず残ってしまい、せっかく良いと思って導入したことのメリットが出なかったと反省しています。

今度の導入も、同じようなやり方をすると新しい手法の真の目的に合致せず、改善効果も得られなくなるのではないでしょうか。ぜひ、真の目的を達成する計画を進めてもらいたいと思います」

後日、上司から、「新手法は来年に導入する。その計画は事務局から提案することとなった。君の言うことはとてもよくわかった。私は立場上、君の意見をそのまま組み入れることはできなかったが、導入は条件付きとしたが良いな」と話があった。

今でも、私にとって自己主張するということは難しいと思うが、人間関係強化の法則を使いながら、信念を持って真実を述べれば、少しでも賛同してくれる人が出てくることが実感できた。

こうして、デール・カーネギー・コースで得たことは、人間関係の能力を伸ばすことによって、また、単に自己主張にとどまらず信念を持って話すことによって、「人を動かす」ことができると思えるようになったことだ。また、人間関係の原点は家庭にあることも知ることになり、期待した以上に大きな収穫が得られたのだった。

熱意、熱意、熱意、熱意を持ってやろう！

飲料メーカー勤務　林慎一郎（仮名）

＊

私は、デール・カーネギー・コースを卒業するとすぐに新しい職場に異動しました。そこで、新しい職場での信頼関係を構築してゆくために、コースで学んだことを早速活用することができました。

私がコースで得たことの中でまず実践したことは「ビジョン」を明確にすることです。

具体的には赴任以来三カ月が経過した十二月二十九日の仕事納めの日にどうなっていたいかをありありとイメージすることから始めました。

「上司にはどの程度信頼されているか？」

「部下との関係、あるいは同僚との関係は？」

「人事・労務の担当として社員の名前や顔はどの程度覚えることができているのか？」

「組合や他の社員からはどのような評価を受けているのか？」

これらを映像になるぐらいまでありありとイメージすることで目標が確認でき、職場で実際にやってゆかなければならないことが明確になりました。

続いて実践したことは、「人間関係強化のためのルール」の一つである「笑顔で接する」です。赴任して間もないため、まずは職場の他の社員との信頼関係を構築しなければなりません。私は信頼関係を一から築いてゆくために、「おはよう」「よろしく」「ありがとう」といった挨拶を相手の目を見て笑顔で行なうことにしました。そしてどんなに忙しくても相談を持ちかけられたり、仕事の依頼を受けた時は笑顔で真摯《しんし》に接することを心がけました。

赴任間もないにもかかわらず、仕事量が増え、また不慣れで仕事が思いどおりにはかどらず、いらいらする時もありましたが、どんなに忙しくても自分の仕事は後回しにして、相手からの相談ごとに笑顔で優先して接することを積み重ねました。

そうしたところ、赴任してから一カ月が過ぎたある日、終業後の他の社員がいなくなったころに、部下のひとりから相談を持ちかけられました。「今職場で問題だと感じていること、今後こうすれば良くなるのではないか」といった内容でしたが、「林さんだからこそ、相談したい」と言ってくれたのです。

部下が信頼して相談してくれるようになった。それは私にとってどれほどうれしかったことでしょう。信頼に応えてゆかなければならないプレッシャーを感じると同時に、信頼関係を築くためにさらに努力をしてゆく決意を新たにしました。

また、職場で「安全についてのスピーチ」を行なうことになった時には、コースで体得したマジック・フォーミュラを実践してみました。

まず、出来事から話しはじめると、話を聞いている人たちが関心を示して私の話に耳をかたむけてくれるのを感じました。話の導入でみんなの関心を引けたことがわかり、聞き手と一体になれるのを感じ、その後の話もスムーズに進みました。

そして、話の最後にポイントとして、「相手に促す行動」そして「それから得ることのできる利益」でまとめると、聞いているみんなが「なるほど」といった表情を一様に浮かべてくれました。

しかも、その後の反響も大きく、

「林さんのしゃべり方、説得力ありますね」

と、みんなから口々に言われたのです。スピーチに対して苦手意識を持っていた私には、大きな自信になりました。

このようにデール・カーネギー・コースで得たことを職場でいろいろと実践していますが、何よりも日々の暮らしに役立っていることは、「熱意の力」です。

赴任後、ビジョンを掲げた内容も、仕事にプライベートに忙しい日々が続き、思いどおりにな

らず、気持ちが萎えそうになることもあります。そういう時にはコースで行なった「熱意の公約」を思い返して、

「熱意、熱意、熱意、熱意を持ってやろう！」

と、ペップトークで自分自身を励まして、自分を奮い立たせています。

やはり、「掲げたビジョンに向かって強い熱意を持ちつづけて努力してゆくこと」の実践がいちばん大事なのではないか、このことに気づかせてくれたのがデール・カーネギー・コースでの十二週間のトレーニングであったと改めて感じています。

自分の殻から一歩踏み出す

外資系製薬会社勤務　竹下雅典（仮名）

「コミュニケーションに悩むならばデール・カーネギー・コースを薦めるよ。私もコースに参加したが、非常に有益だった」

私がデール・カーネギー・コースを知ったのは、アメリカ人の知人からでした。その時、私は新たな部署の責任者として、日々の業務に忙殺されていました。業務の中でのいちばん大きな問題は、上司を含めた関連部門の人々とのコミュニケーションです。

私自身はどちらかというと内向的な性格で、特に威圧的な態度を取る人々には怖《お》じ気《け》づいてしまいます。私の部署で担当する業務は、大部分が他部門を巻き込む必要のある非定型の業務で、上司の承認を得ないことには進めることができない事項が多くありました。特に、問題が多く、上司の承認が簡単には得られそうにないであろう事項については、威圧的な上司には切り出しづらく、その結果として報告のタイミングを逸し叱責を受けるということが度重なるようになったのです。

自信を徐々に失いかけてゆく一方で、仕事は容赦なく増加しつつあり、「これは何とかしないと、抱え込んだ仕事で自分が押しつぶされてしまう」という危機感がありました。そこでアメリカ人の友人に相談し、このアドバイスを得たのです。

デール・カーネギー・コースで最初に学んだことは、「コンフォート・ゾーン（居心地の良い範囲）を打ち破り、自分の殻から一歩踏み出す」ということです。自分の殻を破ることができず、立ちすくんでいた自分の背中をひと押しして、積極的に踏み出すように仕向けてくださったのは、トレーナーの方のあふれんばかりの熱意でした。それからというもの、この言葉を常に思い出し、行動するようになりました。

クラスでは、まず自分がターゲットとする人を決め、その人とのコミュニケーションの向上のためのプランをつくり、仲間の前で自分の考えを発表します。また、数週間後に実際に実践したことを発表する機会が設けられています。いやなことから逃避しようとする自分の弱気心を勇気づけ、自分を追い込むことで積極的に取り組むことになるのです。

私の場合、まず上司をターゲットとして選びました。クラスの皆の前で口に出して自分の計画を述べることで、漠然と思い描いていたイメージがよりクリアになってゆきます。その時に自分が話す内容、起こすアクション、相手からの反応、さらにそれに対する自分の反応、そして最終的な理想の状況を思い描くわけです。話し終わると冷や汗がどっと出るというような状況で、まさに強烈なイメージトレーニングです。

実際の行動を開始したのは翌日のこと。笑顔で接し、誠実な関心を寄せるようにするのです。私は、上司が興味を持っている書籍を話題に出して、話を聞きだすように努める日々が続きました。ある日のこと、今まで先送りしていた事項について、上司に報告を行ないました。威圧的な態度を取るため誰もが近寄らない上司ですが、自分から熱意を持って説明することで、最後には「よしわかった。この調子で仕事を進めてくれ」、それに続けて「君のことは信頼しているから」と信じられない言葉がこぼれました。私は自分の耳を疑いました。思ってもみない反応でした。

他者との人間関係を強化し、それが自分の自信につながり、さらに人間関係強化のためのつぎの取り組みにつながるという相乗効果により、徐々に人とのコミュニケーションが楽しくなってきました。

さらに、クラスでは自分の殻を破るためのバラエティ豊かな機会が与えられており、自分でも気づかぬうちに今までの自分とは違う行ないができるようになっていったのです。今までは人前で話をすることが苦痛でしたが、今ではよりよくコミュニケートするために身振り手振りを入れて説明することも自然とできるようになりました。

当初は上司との関係の改善を目ざしましたが、家族や部下のメンバーをターゲットとして選ぶことで、幅広く人間関係の改善ができるようにもなってゆきました。

ビジョンを持ち、それに向かって積極的に自分から熱意を持ってアプローチしてゆくデール・カーネギー・コースならではの術を会得でき、またその過程でクラスの仲間と出会えたことは、「一生の宝物」だと実感しています。

みずから積極的に人に関わる

エネルギー会社勤務　笹井修（仮名）

＊

　このコースを受講しようと思ったきっかけは、会社で受講している英会話講座でデール・カーネギーが話題になり、講座の参加者のひとりからこのコースに参加したことがあるという話を聞いたことでした。最初は特別な思いはなく、単にコミュニケーション講座というものに対する興味から受講しました。しかしクラスへの出席を重ねるたびに、自分にとって悩みを克服するための大きな支えとなっていることに気づくようになりました。

　受講して得られた最大の成果は、自分を相対的に眺めることができるようになったことです。相手のことを考え、相手の身になって物事を考えることで、相手の目から見た自分というものを客観的にとらえることができるようになったのです。気づかないうちに自分は正しいと思い込んでしまっている場合もあるということを意識できるようになりました。

相手の自分に対する言葉や行動が理解できずに悩んでいる時、こうして相手の立場から自分を冷静に見つめることで、相手が自分に対して何を感じているかを理解し、自分はどのように対応すればよいかも判断できるようになりました。

そうした考え方を身につけることで、むやみに身構えずにリラックスできるようになりました。周りの人間にもそうした態度が伝わるのか、相手もリラックスしてこちらに接してくれるようになりました。

コースが始まってから一カ月ほど経ったある日、会社の上司から、ある国際フォーラムに一緒に参加しないかと打診されました。その日は土曜日でデール・カーネギーのクラスと重なっていたので最初は断りました。しかし、その職場に異動してまだ間もないころだった私にとっては、上司といろいろ話をしてお互いを理解するチャンスであると考え、クラスを欠席してもこの機会を利用しない手はないと思い直し、フォーラムへの参加を決めました。

フォーラムは早朝から始まる予定だったため、前日の夜に開催地に入りました。現地にある同業界の人と面談し情報交換などを行なったあと、上司と二人でホテルにあるバーで酒を酌み交わしながら、私の以前の職場での仕事のこと、これから何をやってゆきたいか、今の仕事の問題点は何かなど、普段は業務に追われてなかなか話ができないようなことについて相談することができました。

それまで私と上司は専門分野も違い、やや話のかみ合わない部分もあったのですが、これをきっかけに気さくに話し合い、お互いを理解できるようになりました。クラスをあえて欠席してもここがチャンスだと思い、思い切って行動したことが良い結果につながったのだと思います。

コースが二カ月以上経ったころのことです。会社のオフィスで残業中、時計の針が午後八時を回ろうかというころ、職場の先輩が私のグループの課長に仕事の相談を持ちかけてきました。ある業務提案について部長を説得したいのだが、どのような論旨で話すのが効果的だろうかという相談でした。その件については、先輩の上司が一度、部長の説得を試みたものの一蹴《いっしゅう》されてしまった経緯があるため、説得の仕方を慎重に考える必要があったようです。

隣で話を聞いているうちに私の中にある考えが浮かんだので、出過ぎとは思いつつ口をはさんでみました。

「部長は自分の考えを明確に持っている人であり、真っ向から意見を衝突させるような言い方は反発を招くだけで得策ではない。提案内容についてはいろいろな見方があり、その効果については部長自身も悩んでいるはずである。

提案資料については、そのような背景を匂わせ、こちらが主張する提案のメリットを挙げ、その提案を採用することが自然な結論であると部長自身が思いつくような話し方にしたらよいのではないか。こちらがいちばん重視していることは、相手に思いつかせることがもっとも効果的である」

以上のような内容のことを話しました。

それを聞いて相談を持ちかけてきた先輩も納得し、そのようなまとめ方にしようということになったようです。その後の話によると、その提案については、上層部にどこまで上げるかはわからないが、研究は進めてゆくようにという返事をもらったようです。もし真っ向から意見を対立させるような言い方をしていたらこのような結果にはならなかったと思います。

この経験は自分にとって大きな発見でした。自分が影響を与えた先輩の言動を通じて、自分では直接説得するのは難しい上の人に、何らかの影響を及ぼすことができたのです。私自身もその先輩の提案に賛成していたので、最悪の結果を回避できたという点で、私にとっても望む成果が得られたわけです。

このようないくつかの出来事をとおして感じたことは、デール・カーネギーの主張である、みずから積極的に人に関わること、また相手を尊重し敬意を持って接する姿勢というものが、実際の生活や仕事の中で活き活きと有効に活用できるということです。

私自身にとっても、職場を異動して間もない、精神的に緊張を強いられる時期にこのコースを受講できたのは非常に幸運であったと思います。コースで学んだことと同じクラスの受講生たちの存在が、この時期まさに私の心の支えとなりました。

なりたい自分に変わった

外資系企業勤務　垣内久美子（仮名）

十一月初めのある日、私は上司と向かい合って座っていた。人事考課の面接である。「あなたが来てからオフィスの雰囲気が本当に変わった。笑い声が聞こえてくるなんて、以前とはまるで違う。感謝しています」

そう上司は切りだした。机の上には考課表があり、中には「交渉力」「問題解決能力」などさまざまな項目に「期待どおり」「期待以上」などと評価されている。

ある項目の評価に、私の目は留まった。「期待をはるかに超えた」という意味を持つ「Outstanding」を一項目だけもらっていた。それは「人間関係能力」である。その文字が見えた瞬間、胸の奥でさざ波のように感動が広がった。これをデール・カーネギー・コースに行って自分を変えようと決意した日の私が見たら、どう思うだろう……。

＊

同じ年の三月、失業中の私は絶望していた。半年で辞めた欧州系ラグジュアリー・ブランド会社。キャリアアップのため、敢えてたいへん世話になった勤め先に頭を下げて転職したというのに、そこで待っていたのは思い出したくもない日々。華やかだが厳しい競争の中ですさんでゆく人間関係。独断的な社長に気に入られないと最後である。攻撃され、追い詰められ、突然退職するマネジャーが六カ月で三人出ていたが、私も退職したひとりだった。

気を取り直して就職活動をしたが、決定的な打撃を受けた。退職して二カ月後、最終面接までいった同業のL社から断られた理由。

「以前の会社で、あなたは人間関係を悪くするという評判を聞きまして」

その時の悔しさは言い表わせない。

何日か経ち、自分の中で結論が出た。今後二度と人間関係を悪くする、と言われたくない。自己分析をした。親から授かった気質を認め、これまで人とぶつかった出来事を一つ一つ思い起こしてみた。自己弁護するようだが、私は人と争うことは嫌いである。ただ、正論を吐くというか、物事をストレートに言うほうなので、意図しないところで人に不快感を与えてしまうことがあった。

これは、訓練しないと直らないだろうと決意し、イエローページを開いた。「話し方教室」が並ぶ中、ほとんどが人前で話すのが苦手な人向き（私は正反対）。何かもっと心の持ちようを含めて教えてくれるようなコースはないものかとさらにページに目を走らせた。

すると、「デール・カーネギー」の文字が目に飛び込んできた。これはちょうど今読んでいる『人を動かす』の著者ではないか。さっそく私はコースや受講料を調べ、まずは体験コースとして参加できる土曜日午前のクラスに足を運んだ。

この第一歩。緊張しながらクラスメイトを見ると、失業者は私ひとり。男性がほとんどでバリバリのキャリアが輝く。「私がいていいのかな」とさえ思った。

そんな迷いを吹き消してくださったのが、デール・カーネギー・トレーニングの山本悠紀子代表だった。

「ぜひ受講なさって。きっとあなたにいい影響があって、就職も決まりますよ」

真実味を帯びていて素直に胸に響いた。

さて、こうして私は毎週土曜日に明治神宮前に足を運んで、トレーナー、アシスタント、そしてクラスメイトの皆さんと貴重な時間を共にしていったのだ。

このコースを受講して、私の大切な財産として身についたものが二つある。一つは、「人の話を聞く」。毎週土曜日クラスメイトの話を聞く。日常でも聞き手にまわる。そうすると、人の話とはおもしろいばかりでなく、とても自分を豊かにするのだということを学んだ。

そして何より大切なのが「人に重要感を与える」である。「あなたは重要な人です」というレスペクト（尊重）。これがあればこそ、相手の関心を見抜いて話題にしたり、心からほめたり、また人を非難することをはばかるのである。こうしてコースに毎週通っているうちに求人が出て、面接に行き、本当に就職が決まってしまったのだ。

さて、人事考課面接で上司からもったいないほどのおほめをいただき（後に努力すべき点をもちろん言われたが）、感謝をした。

上司は忘れていたが、就職する前の面接で私は最後に質問したのだ。

「（私が今受けている）このポジションにいちばん望むものはなんですか？」

上司は考えながら、

「この業界の経験と知識はもちろん大切だけど……人間関係、そう、うちのチームとうまくやれる、人間関係が上手な人をいちばん求めています」

その時、私は「これは天から授かったチャレンジだ」と思った。このチャレンジは今も続いている。しかしながら、間違いなく私は思ったとおりに、なりたい自分に変わったのである。

私だけが悩んでいるんじゃない

外資系企業勤務　斉藤智美（仮名）

あれは私が仕事やプライベートのことで悩んでいた時でした。結婚を前提としておつき合いしていた人がいたのですが、将来この人と結婚できるのだろうか？　私が結婚したら、母はどうなるのだろうか？（母は以前より父と別居していて、私が購入したマンションに同居していました。）購入してしまったマンションはどうしよう？　私の勤務地は千葉市だけれど、彼の家は府中市にあるのでそこから千葉県に通勤するのはつらいだろうなぁー。

その他、乳腺症でその細胞がガンになる可能性があること、カスタマーサービスのスペシャリストとして毎日お客様からの苦情処理に追われていることなど、将来に対する不安や考えなければならないことが山のようにあり、それが一気に押し寄せていました。

そんなある日、カスタマーサービスでショッキングな出来事がありました。あるお客様から、五年前から今までにそのお客様から海外に輸出されたすべての輸出申告書を、輸出年月日や運送状番号はいっさいわからないが返してほしいと言われたのです。

初めに対応していた担当者では手に負えなかったため、私に電話が転送されてきました。会社では出荷日と運送状番号をいただいて返却リクエストを受けており、毎日何万件もの貨物を取り扱っている中で、それらの情報がわからなくてはリクエストに応えることは不可能でした。しかも、あまりにも過去のことであるため、丁重に説明してお客様のリクエストは無理であるとお話ししました。

しかし、相手は返せとの一点張りでした。私はあまりの理不尽さに驚いてしまい、お客様相手の仕事であるにもかかわらず言い合いになってしまったのです。

この時、「人間とは自分勝手で理不尽でいやな生き物だ」という思いを抱きました。以前より私はこの仕事に向かないのではないかと思っていたのですが、これをきっかけによりいっそう仕事について考え込むようになりました。

ある日の深夜、お手洗いに起きて再度ベッドに入ろうとした時のことでした。

突然呼吸が苦しくなり、一生懸命息を吸うのですがいっこうに良くならず、このままでは呼吸困難で死んでしまうと思い、母に救急車を呼んでもらって救急病院に運んでもらいました。病院では過呼吸であると診断されました。心配だったので翌日も近所の内科で診てもらったのですが、あまり納得のゆく説明をしてもらえませんでした。

親友に話したところ、最近流行っている病気だからちゃんと診てもらったほうがいいとアドバイスをもらいました。さらに、その病気が載っている雑誌の切り抜きをもらい、再度専門病院で検査したところ、パニック症候群と診断されました。専門医の説明によると、急に激しい不安に襲われて不安発作を起こすのだそうです。

それまで自分では気づいていなかったのですが、仕事で無理をしていたのだなぁー、体と心が警告しているのだなぁーと思いました。

自分自身を見つめ直したい、これからどのように歩んでゆけばいいのか、などと考えていた時、ふと、会社に、資格や語学などを勉強したい時に適用できる制度があることを思い出しました。その制度でデール・カーネギーのいくつかのコースが紹介されていて、早速パンフレットを取り寄せ、読んでみました。

その中で特に私の興味を引いたのは、デール・カーネギー・コースの自信の構築（自分の能力や価値を確認すること。自分の正しさを信じて疑わない心）でした。これは今後の私の生き方を見つけるきっかけになるのではないか、それに会社から受講料も支援されるし、などと少し安易な気持ちで申し込んだのがきっかけでした。

初めの二〜三回までのクラスではこんなことをしていて本当に私が探し求めている答えが見つ

かるのかなぁーと不安に思っていたのですが、四〜五回目ぐらいから少しずつですが、自分の授業に対する受け止め方が変わりはじめ、いつのまにか授業の中に入り込んでゆきました。

授業内容もすばらしいのですが、本で読む上《うわ》っ面《つら》の内容とは違い、クラスメートが話す体験談を聞けるのですから、いっそう印象深く訴えてくるもの、心に伝わってくるものがありました。

また、私だけが悩んでいるんじゃないということ、人それぞれ悩みや問題を抱えて生きていること、それを克服しようと努力している姿に感動し、勇気づけられました。あれもこれも早急に解決しなければならない問題を抱えていた私は、焦らずひとつひとつ目の前にある問題を解決してゆけばいいんだと悟り、はりつめていた気持ちがスーッと楽になりました。

先日、写真屋でこのような出来事がありました。

会社に4×5センチの写真を提出しなければならず、その期日がせまっていたので、証明写真用のネガをスピードプリントのお店に持ってゆきました。ところが、証明写真の焼き増しはそのお店ではできず、ほかに出さなければならないので、日数がかかると言われました。

どうしても当日持って帰りたかった私は、通常の写真サイズでいいから焼いてほしいとお願いし、被写体の大きさの違う8種類あるネガから焼き増しをしたあと、だいたい4×5センチのサイズに切っても顔がちょうどいい大きさになるようなものを一つ選んで、切ってくれるよう説明しました。

私は焼き増しを専門に行なっているお店だから、なんの問題もなく当然できると思っていたのですが、私の意図に反してそのようにできるかどうかわからないといった返事が返ってきました。私の対応をしていた若い女性は困った様子で、隣で作業していた男性に助けを求めました。その男性が代わって私に説明をしてくれたのですが、やはり無理であり、ただアドバイスとしてできるだけ小さく写っているネガを選んだほうがいいと教えてくれました。結果として、それに従って私が選び、焼き増しをしてもらいました。

以前の私だったら、なんでわかってくれないのかと不満に思うだけでした。けれど今回は自分が当たり前であると思っていたことがそうではないこともあることを知っていました。期待どおりの反応、態度や返事が返ってこなくても、瞬時に怒らず、冷静に受け止めるように努めなければならないと考えられるように変化していたのです。

今振り返ってみると、私がこのコースから学んだことは自己の発見であったと思います。以前からうすうす気づいていましたけれど（見て見ないふりをしていたのかも……）、問題が発生すると周りの環境や他人のせいにしていたのではないかと。それが今では自分の行動を振り返り、悪い点や起こしがちな過ちがなんであるかを自分なりに分析できるようになり、また、だからあんな反応や結果になったと反省できるようになりました。

以前の私は、他人が調子良く振る舞い、いいポジションについてゆくのを見ると、本当はその人の運や実力かもしれないのに、自分は評価されないし、一生懸命やっていても報われないなぁーと、ネガティブに考えていました。ところが、デールのコースを受講したことにより、それらの原因はすべて私の自信のなさからきていたのだとわかりました。そして、少しずつ実践する努力を始めました。

デールのコースが始まってすぐ、自分の希望から職場と仕事内容が変わり、新たな人間関係が始まりました。私は以前から職場の人間関係で特に苦労したことはなかったのですが、新しい環境になったことは、デールで習った人間関係強化のルールを実践するまさに絶好のチャンスの場でした。

新しい職場のマネジャーは以前私と同じ職場にいましたが、直接の仕事関係はなかったため、表面的なところしか知りませんでした。お互いに毎日の業務に忙しく、なかなか話す機会がなかったのですが、マネジャーがどのようなことを私に期待しているかを知りたかった私は、顔を会わせるたびにゆっくり話をしたいとアプローチしつづけました。するとある日、ついにマネジャーから、仕事のあとにお茶をしましょうと誘っていただくことができたのです。その結果、私が知りたかった情報をいろいろ得ることができました。

また、同僚の中で女性は私以外にひとりだけだったのですが、彼女と友好関係を築きたいと思い、その人の良い面だけに注目し、ささいなことでもほめたり感謝することに専念しました。観察しつづけると、彼女の事務処理がとても早いことに気づいたので、そのことを心から賞賛しました。またある時は、指導してもらった時の説明がわかりやすかったと彼女をほめました。そうしたことを続けているうちに、彼女との友好関係を築くという目的も達成することができました。

みずからのこれらの体験から、自分の殻に引きこもらずに、みずから行動しなければ自分を取り囲む環境は変わらないし、まして他人を変えることなど不可能であるとつくづく感じました。いやなものを見ない、知らないふりをすることがいかに簡単であるかということに気づき、そして、すべては自分から行動することで始まり、行動しつづけなければ何も変化しないことを悟りました。

「ところであなたがたはどんな活動をしてらっしゃるの」

外資系金融機関勤務　堀口裕介

＊

「来場者をつかまえるより、他の参加団体との交流も積極的にやったらいいじゃないですか」

私は自分が所属するスピーチ・クラブ「武蔵トーストマスターズクラブ」が、「彩の国スーパーフェスティバル」という国際交流イベントに参加するときの準備のミーティングで、こう発言したのでした。

私自身はこのイベントに参加すること自体、実は反対でした。というのも、毎年宣伝のために参加しても、来場者がさしたる関心を持ってくれるわけでもなく、したがって、新たに入会してくれる方がいるわけでもなく、週末をつぶして参加しても、結局労多くして得るものなしだったからです。

そこで、フェスティバルに遊びに来てくださる来場者よりも、他に参加している団体の方々のほうをターゲットに考えたのです。話し合いの結果、「単に遊びに来る人たちよりも、それなりに何かに興味を持ってやってくる人たちだから、きっとスピーチにも興味を持ってくれる」「とりあえず、他の団体とつながりを持つのもいいし、活動内容を宣伝しよう」ということになり、来場者への宣伝と並行して、参加団体への宣伝もすることに決まりました。

さて、そうこうしているうちに当日を迎え、出展ブースの準備も終わり、そろそろ他の団体への「営業」に行こうかという雰囲気になりました。しかし、この新しい試みに誰ひとり経験はなく、また営業職の経験者もおらず、さてどうしよう、ということになってしまいました。

そうなると言い出した私にみんなの視線が集まります。「じゃぁ堀口さんとりあえず見本を見せてくれる?」ということになりました。

私はもうひとりとペアになり、クラブのパンフレットを持って近くのブースに出かけてゆきました。

「あの中で、どの人がいちばん偉そうだと思います?」一緒に行ったメンバーと相談して、中でもいちばん偉そうな方にあたりをつけて話しかけました。「営業」開始です!

「こんにちは、私たちはあそこにブースを出している武蔵トーストマスターズクラブの者です!」

相手はきょとんとしています。こんなふうに話しかけられたことはないのでしょう。正直「何の用ですか？」という感じです。

「ＣＰＩ埼玉さんというのは、どんな活動をしていらっしゃるのですか？　せっかく一緒にこのフェスティバルに参加しているので、よろしければ、ぜひお伺いしたいと思って参りました。」

こんなふうに言うと、皆さんはどんな反応が返ってくるとお思いでしょう？　私たちも予想もしていなかったのですが、びっくりするくらい、まさに「立て板に水」という感じで、どんどん話してくださいました。

――スリランカで、成績がいいのに学校に行けない子どもたちに教育支援をする団体の支部であること。

――スリランカの学校の事情、子どもたちの事情。

――ひとりの里親がひとりの子どもを支援する仕組みで、その子と交流できること。

――ブースに飾ってある写真を示しながら、みずからも二回コロンボに行き、里子に会いに行って、家族に大歓迎されたこと。

――参加形態も、一対一の里親になる、決まった金額の寄付だけする、とかいろいろあるということ。

などなど、いきいきと話してくださいました。

そんな相手の貴重なお話を、私たちは相手の話を遮ることなく、とにかく心から余すところなく聴きました。そして、相手が充分に話をして満足すると、どうでしょう。今度は、こちらから何も言わないのに「ところであなたがたはどんな活動をしてらっしゃるのですか」と向こうから興味を持って尋ねてくれるではありませんか！

「私たちは、人前で話すスピーチ、パブリックスピーキングをとおして、スピーチとリーダーシップの練習をしましょうというアメリカ発祥の団体です。みずからスピーチをするだけでなく、スピーチには必ず論評をするんです。それもダメなところを指摘するわけではなく、あくまで相手がやる気になるようにほめて励ます、そしてその中に改善点を織り込む、という感じにするんです。会社員、主婦、お医者さん、外国人、学生、年配の方など、いろいろな方がいらしてそんな方たちとお話しするだけでも楽しいですよ」

という感じに簡単に紹介したのですが、最後までしっかり聴いてくださいました。

「誠実な関心を寄せる」「聞き手にまわる」

というのはごくごく当たり前のことですが、こんなにも威力があることを、あらためて目の当たりにすることになりました。そんなことを知らない一緒に「営業」したメンバーも、「堀口さんすごいですね」と感動してくれましたし、何より、そのあとに訪問した他の参加団体でも、同じように話を聴いてもらえたことは、言うまでもありません。

「いかにうまく話すか」ではなく「いかにうまく理解してもらうか」

総合商社勤務　佐々木健司（仮名）

＊

「あー、今週も個人賞を獲得できなかった！」

デール・カーネギー・コースでは毎週、受講生による投票で、その週の課題においてもっとも上手にスピーチを行なった人物を選出し、個人への賞が贈呈されている。

私は人前で話すことに興味を持ち、またうまく話したい一心で、話し方教室に通うことを趣味としていた。そんな私がこのデール・カーネギー・コースで個人賞を一つも取れないことに、当初、軽い衝撃を覚えていた。

世の中には、同じことを言っても、信頼される人と、信頼されない人が存在する。もちろん、信頼されるか否かは、話し手の性格や日ごろの言動などに起因しているところも多々あるが、話し手の意図していることをいかにうまく相手に伝えるか、すなわちコミュニケーション方法そのものの巧拙にかかわるところも大きい。

私は元来、人と話をすることが好きなほうであるが、ちょっとした言い回しの違いで、自分の意図していることが正確に相手に伝わらず、逆に誤解を与えてしまう事態も多々あった。このため、コミュニケーションのスキルアップは生きてゆく上で不可欠であると考えるに至り、話し方教室に通うことを半ば趣味にしていたのだ。

そんなある日、私が通っていたある話し方教室の講師の話し方が非常に上手だったので、どこで話し方の勉強をしたのかと尋ねたら、このデール・カーネギー・コースであり、しかも最優秀達成賞を取り卒業した旨、お聞きした。最優秀達成賞とは、同コース十二週間においてもっとも成長した一名に贈られる賞である。

私は早速、同コースの初回授業を無料体験したところ、担当トレーナーの巧みな話術の虜《とりこ》になり、「この人のようにうまく話せるようになれたらいいな」という軽い気持ちで、同コースへの正式入会を決意した。

冒頭で説明したとおり、私はコミュニケーションの難しさを認識していたが、多数の話し方教室に通っていたこともあり、話すこと自体にはある程度の自信を持っていた。しかし、このデール・カーネギー・コースでは勝手が違う。個人賞が取れないのだ。

毎週のコースの個人賞は受講生全員による投票で決まるが、受講開始後しばらくしても、私はまったく選出されない。悔しさのあまり、毎週コースが終了次第、直ちに翌週のスピーチ原稿を作成し、一週間かけて入念に準備しつづけたが、個人賞を取ることは容易でなく、初めて獲得できたのが六週目（全十二週）、最終的には二回の受賞に止まった。

このような苦労を経て、初めて個人賞を取れた週のスピーチテーマは、周りの方々に役立つ物を持参して、どのように役に立つのかを説明するというものであった。私は、電子レンジでゆで卵をつくることができる「ゆで卵製造器」を持参し皆に見せながら、これがいかに便利であるか熱弁を振るいに振るった結果、見事に個人賞を受賞。

しかし、ようやく個人賞を獲得できたこと以上に、私の人生に貴重な示唆を与える一つの出来事があった。受講生全員が同テーマのスピーチを終えたあと、通常どおり四～五名の小グループにわかれ、各人および全体スピーチの講評を行なった。

その際、私の属している小グループで、日ごろから鋭い意見を言っているKさんが私に対して、「私、ゆで卵をつくることを面倒くさいと思ったことがない」と言ったのだ。

私は、自分がゆで卵をつくるのが面倒くさいので、周りの人たちも当然、同じように面倒くさいはずであると信じ込み、スピーチを行なっていた。しかし、Kさんのコメントのおかげで、自分の信じている常識が、必ずしも他人の常識ではなく、世の中は多種多様な価値観を持つ多くの人々との関係の中で成り立っており、その前提でスピーチを組み立てなければ自分の伝えたいことをうまく相手に理解してもらえない、という事実に改めて気がついた。（私が個人賞を獲得できたのは、私のスピーチが良かったというよりもむしろ、「ゆで卵製造器」が皆の心を掴んだためであるということも得心できた。）

これまでの私は、いかにうまく話すか、自分の話し方の技術をいかに高めるかということにのみ力点を置き、話し方教室に通い詰めていた。周りの人々がいったい、何を常識と思い、あるいはどのように考えているのかといった配慮をまったく欠いた中で、己れの技術を磨くことのみに専心していたのだ。したがって、自分の思っていること、あるいは考えていることをうまくまとめて、「うまく話す」ためにはどうすべきかということにばかり心を砕き、自分の意図していることがうまく相手に伝わったか、すなわち相手が自分の意図していることを「うまく理解してくれたか否か」ということに対してはほとんど無頓着であった。

Ｋさんのひと言は、ハンマーで頭を打ち砕くほどの大きな衝撃だった。相手への配慮が欠ける中で、話し方の技術を磨くことがほとんど無意味で、いかに無駄な努力であったのかを、改めて強く認識させてくれた重要な出来事であった。

このデール・カーネギー・コースで、多種多様な価値観を持つ多くの同志たちと毎週土曜日の午前中というまとまった時間、リーダーシップや熱意、あるいは各個人の悩みについてじっくりと討論する機会を持てたことで、今後、私が生きてゆく上での貴重な経験、財産を得たと確信できる。

この世の中は、結局、さまざまな価値観を持った人々で構成されている。その中で、われわれが生きてゆく上で重要なことは、異なる考え方を持つ人々に対して、自分の言いたいことを「いかにうまく話すか」ということではなく、「いかにうまく理解してもらうか」ということにある。今まで多くの話し方教室に通い詰め、追い求めていたコミュニケーションの極意が、今ようやく体得できた心境である。

自己を見つめ直し、他者とのコミュニケーション能力を高めたいと思われている方々にはぜひとも、本コースの受講をお勧めしたい。

仮に、このコースで個人賞が獲得できなくても気にすることはない。結果に一喜一憂することなく、周りの人に自分の気持ちを正しくわかってもらいたいという純粋な気持ちを強く持ちつづけ、熱意を持って努力しつづけてゆくことが大事だと思う。そうすれば、道は必ず開けるはずである。

「うまい！　うまい！」と言って食事をすると幸せになります

電機メーカー勤務　石川矢寸志（仮名）

＊

「うまい！　うまい！」と私が言うと、みんなが食事の手を休めて顔を上げ、にっこりしました。

八月、大学に行っている息子が帰省してきたので家族三人で、近くの小さなレストランで食事をしました。そのレストランのお薦めは、オムライスです。デミグラスソースはよく煮込んであり、オムライスの卵も肉厚で半熟でトロッとしていました。

以前、「うまい！　うまい！」と言って食べていたら、場が盛り上がったことを思い出し、「うまい！　うまい！」と言ってみると、息子もつられて同じように「うまい！　うまい！」と言いました。以前と同じように、私たちのテーブルは盛り上がりました。しかも、これを聞いた厨房のコックさんが、こちらを見てにっこりし、レントラン内に、和やかな空気が流れました。

これは、デール・カーネギー・コースのセッション12で発表した内容を思い出し、同じ手法を使ってみたのです。以前、場が沈んだ時に思わず「うまい！　うまい！」と言ったところ盛り上がったことがあったのです。今回は、以前よりもっと素晴らしく、レストラン全体が和みました。

デール・カーネギー・コースを受講しようと思ったのは、十数年ほど前、職場がギスギスしはじめていたころのことです。職場内にゴミが散乱し、管理職は部下を管理することで事態が良くなると思い、一方で部下はそれに不満を言うようになってきていました。

私もこの中で悩み、頭の中が反省、後悔でいっぱいになり、悶々とした生活を送っていました。そんな時、デール・カーネギーの著書『人を動かす』を読み、ぜひトレーニングを受講したいと思いました。しかし当時は地方在住のため受講できませんでした。昨年、東京に転勤になったのを機に、早速受講することにしました。

カーネギー・コースは十二のセッションからなり、一週ごとにカーネギーの種々の法則を実践し、体験を報告するものでした。一週間の間、法則を実践しようと考えているのですから、終了したあとも実践した時の状況を自分自身の体験や具体例として覚えています。

受講してわかりました。仕事の場でも頭の中が目の前の実務だけでいっぱいだと、仕事を進めるそのたびに悩みを生み出します。仕事仲間と日ごろから良い関係を保ち、道を切り開くことが必要です。デール・カーネギー・コースで学ぶ「人を動かす」「道は開ける」を実践すること、頭の中に自分自身の成功例を記憶しておくことが、実は仕事にも大切なのでした。

そして、デール・カーネギーの法則を実践するには、コースで発表した内容が直接、具体的に役立ちます。うまくできた具体例を数多く覚えておくことが有効なのです。私たちは、以前と同じような問題に再び遭遇します。その時に、発表の内容を実施すると、以前よりもっと素晴らしい実践ができます。デール・カーネギーの法則をよりブラッシュアップして実践できます。家族で、近くのレストランで食事をした時も、以前の同じ状況を思い出してデール・カーネギーの法則を実践したものです。経験済みですからよいタイミングで、効果的に行なうことができました。

そのほか、「名前を呼ぶことで効果的に人を動かす」「じっと待って相手から話を引き出す」「笑顔で接する」などの方法も実践しています。デール・カーネギー・コースのトレーニングは、積極的に生きる方法が満載です。このコースのクラスメートのひとりは、トレーニングの内容をさらにブラッシュアップするため、積極的にいろいろな会合に出席を心がけています。私も感化され、コースを受講した時のクラス会に出席し、九十周年記念のデール・デイにも出席させていただきました。私は積極的にいろいろな場に参加しようと努めるようになりました。

最後に講習で教えていただいたマジック・フォーミュラでお伝えします。

皆さん、食事の時、「うまい！　うまい！」と二回言いましょう。そうすれば微笑みの輪が広がり、みんなが幸せになります。

コンフォート・ゾーン拡大中！

不動産鑑定士　望月雄一（仮名）

＊

「今日、悪いけど何か話してくれない？」

「えー、そんなこと急に言われても無理だよ」

「お祝いの席に免じて、ここはよろしく頼むよ！」

「何も考えてこなかったし、ダメだよ」

「なんでもいいから頼むよ、頼む！」

結局押し切られて友人の結婚式でスピーチをすることになってしまいました。しかも当日に突然です。

今まで披露宴でスピーチしたことなんて一度もなかった私がそんな状況でまともに話せるわけがなく、当然ながらスピーチは惨憺たる結果に終わりました。司会者のフォローが苦しそうだったことだけはよく覚えています。

この日を境に潜在的にあった人前で話すことへの苦手意識が一気に目覚め、反射的に人前で話すことを避けるようになりました。

それから数年後、私は会社を辞めて独立することにしたのですが、人前で話すことが苦手だなんてことでは通用しない、と思ってはいても体は相変わらず人前で話すことに拒否反応を示していました。これはもう誰かに話し方を教えてもらって克服するしかないと思ってデール・カーネギー・コースを受講しました。

コースで初めての二分間のスピーチ。クラスメンバーの前で話をします。ものすごく考えて準備をして臨みました。それなのに自分の順番が来るまでの間、心臓は破裂せんばかりドキンドキンと鳴っています。「別に緊張する必要なんかないじゃないか」と自分に言い聞かせても心臓はそんなことお構いなしにドキン、ドキンと鳴っています。

自分の番が来ました。

話しはじめると用意してきたことは途中をすっぽり抜かしてしまって、すぐに言い終わってしまいました。「まずい、持ち時間はまだかなり残っている」と思ったと同時に足まで震えはじめました。たった二分間ではあるけれど、とても長く感じ、「やっぱり人前で話すことは向いてないのかな」とも思いました。

しかし、それでは受講した目的は当然達成できないし、受講料ももったいない。とにかく言われるままにやろうと思い、トレーニングを続けました。

人間、慣れというのは恐ろしいもので、そんな私でもコースを終えるころには人前で話すことに対する抵抗が少なくなって、自分の順番が回ってくるまでのあの極度の緊張は和らぎました。また、コースで教えてもらったちょっとしたコツを使うことによって持ち時間を残しすぎることもなくなりました。

これは大勢の前で話す時だけではなく、一対一の時でも同じです。以前は、顔を知っている程度であまりよく知らない人に対しては、相手が気づかない限りわざわざこちらから話しかけるということはありませんでした。話す必要性を感じていなかったし、何を話せばいいかよくわからず、話題がなかったからです。

ところが、コミュニケーションスキルを身につけることによってスムーズに会話を続けることができるようになると、追いかけていって話しかけるくらいの積極性も身についていきました。

話すといろいろな知識が増えて、たまたま自分が疑問に思っていたことの解決のヒントが得られることがあります。人と話をしないことは重大な損失です。

自己啓発のサイクルを見つけた私は今、そのサイクルを回してコンフォート・ゾーンを拡大中です。

本当に欲しいものは居心地の良い範囲を出て勝ち取るんだ

ソフト開発会社勤務　浅川仁志

*

役員からメールがきました。新規事業の発足メンバーに私を選んだとの通知です。

「ヤッター！」

社長が期初の幹部会で新規事業を立ち上げると発表し、四名の発足メンバーを選定するという話が持ち上がりました。メンバーは自薦、他薦を問わず、名前が挙げられたものの中から決定するということでした。

私は、入社以来ずっと技術開発を担当してきましたが、将来を考えるとこの辺で新しいことに挑戦しないといけないと思っていました。ちょうどいいチャンスなので、みずから手をあげることにしました。

そこで、まず新規事業チームに加わるためには、後輩に後を任せられるようにしておかなければならないと考え、彼らに短期間で多くのことを勉強してもらうようにしました。私は彼らに資格試験を受けるように動機づけ、みずからカリキュラムをつくってあげ、試験に出題されそうな問題を選んであげたりしました。その結果、最近の開発業務では必須であるデータベース関連の技術試験に二人とも合格することができました。

また、学生向けの会社説明会に進んで協力し、学生の面接官をも引き受け、多くの学生の応対をし、会社をアピールしたりもしました。説明会には社長も出てきているので、社長と話せる機会には、新規事業のことを話題にして自分をアピールしました。

その甲斐あって、私は自分の希望どおりに新規事業の発足メンバーに選ばれたのです。しかも、私に関しては、社長の推薦があったということをあとから知りました。私の喜びは倍増しました。

デール・カーネギー・コースを受講する前の私であったら、こんなに積極的にみずから手をあげ、希望をかなえるために行動を起こしていたかどうかわかりません。以前の私は、率先して新しいことに手をあげるような性格ではありませんでした。誰かが先にやっているのを見て、それから失敗しないように判断していました。

ところが、デール・カーネギー・コースで、「欲しいものは自分の居心地の良い範囲の外にある。居心地の良い範囲を踏み出さなければ、決して欲しいものを手にすることはできない」ということを学びました。

しかも、コースを通して何回もプラクティスを行なうことによって、居心地の良い範囲を踏み出ることを経験し、それをやり遂げることができた自信を得ました。やればできる。居心地の良い範囲を出て挑戦すれば、必ず何らかの成果をあげられると信じることができるようになりました。

今、新規事業の話は良い方向に進んでいません。会社の業績が悪くなり、会社の安定した収入が確保できない状態なので、それどころではなくなってきたからです。でも、私はあきらめません。

私は、新規事業の話がトーンダウンしているのは、会社の業績が伸びないため、社長が本業の営業に手を取られすぎていて新規事業どころではなくなっていることが最大の原因だと考えていました。そこで、私は社長に提案しました。

「社長、わが社の社員数も六九人となり、今まで社長ひとりで営業をやってこられましたが、ひとりではそろそろ限界ではないでしょうか。わが社にも営業部を設けるべきだと思います」

私の提案に対し、社長は言います。

「しかし、知ってのとおり、わが社は設立から現在に至るまで総務の人以外は技術者しか採用していないんだよ。しかも営業職を採用するとしても、お客様と技術的な話までできるようになるには時間もかかりすぎる」

営業部を設けることに対して少し消極的な社長に対して、私は言いました。

「私が営業をやります。私なら開発経験も六年積みましたから、お客様と技術的な話をするのにも充分だと思います。また、なによりも私は今、会社の業績を安定させるためにも営業をやりたいのです」

こうして私はみずから社長に願い出て、営業の仕事を始めさせてもらうことにしました。社長の負担を少しでも軽減し、早く新規事業のプロジェクトを軌道に乗せたかったからです。

今まで技術開発しかやったことのない私にとって、営業という仕事は未知の仕事です。実際、技術開発から営業に移ることについては、社長が心配してくれて、何度も私にそれでもいいのかと尋ねるほどでした。私自身、六年前に今の会社に入社した理由は、営業関係の仕事をしたくなかったからで、技術の仕事だけやっていればいいと思ったからなのです。だから何度も「これでいいのか？」「本当に自分は営業をやりたいのか？」と自問自答しました。しかし自分自身から返ってくる答えは、いつも「新規事業を軌道に乗せるために、また、自分の可能性を広げるために、私は営業をやりたいのだ」という自信に満ちたものでした。

やりたいという心の底からの気持ちで行動するので、自分自身で私は強くなったと感じています。その証拠に、会社の周りの人からは

「営業やるんですか？　たいへんそうですね。不安じゃないですか？」

と聞かれることがありますが、

「いえ。不安なんてありません。楽しみで楽しみで夜も寝られません」と笑顔で答えています。今は営業活動をスタートするまでの期間、多くの人に営業の仕事がどんなものなのかを聞いて回り、自分なりにどのような営業スタイルを持ちたいかも考え、率先して動いている最中です。

こうして私が行動できるのはすべて、私に「本当に欲しいものは居心地の良い範囲を出て勝ち取るんだ」という自信と勇気を与えてくれたデール・カーネギー・コースのおかげだと思っています。

「最近、表情が良くなりました」

医療機器メーカー勤務　木下裕一朗

*

私は人前で話すことが非常に苦手だった。異常に緊張してしまうのだった。そこで、会社の朝礼や会議での発表を利用して、話す訓練をしようと思った。しかし、自分で納得のゆく話はいつもできなかった。

私の話し方は自己流であり、事前に構成された文章を暗記することから出発していた。ぎこちない話しぶりと、言葉を忘れた時の一瞬の沈黙。私は人前で恥をかかないよう、話をする時は一週間前から練習をした。しかし、その方法では限界があると感じていた。

私がデール・カーネギー・コースと初めて出合ったのは、二〇〇一年七月末のTOD572クラス卒業式の見学だった。家内の勧めがきっかけだった。デール・カーネギーのことは、義父から譲り受けた二冊の本で知っていた。『道は開ける』と『人を動かす』。特に『道は開ける』は、つらいことがあった時、私を勇気づけてくれた。そんなわけで、ほとんど抵抗なくコース見学に出かけた。

原宿の教室に着いて私が最初に驚いたのは、教室全体に漂う「ハイテンションの空気」だった。「いったい何だ、これは」といった感じだった。そして、クラスが始まると、私は受講者の話のうまさに舌を巻いた。芝居でも見ているかのような活き活きとした表情と流暢な話しぶり。そして、いつの間にか吸い込まれてしまう話の構成。

「このコースを受講すれば、きっと自分も同じように話せるに違いない」と思い、受講を決めた。コースの期間は三カ月間。少し高めの授業料も払ったことだし、もう後には引けない。「絶対に上達する」と決意した。

コースは全部で十二セッションあり、私は土曜日午前のTOD575クラスを選んだ。金曜の夜、仕事で帰りが深夜になっても、翌朝眠さを我慢して通った。各セッションには二つの課題発表があり、最初は消化するだけで精いっぱいだった。しかし、基本スキルが身につくにつれて、気持ちに余裕が出てきた。セッション4ぐらいからであろうか、このコースに通うことが非常に楽しくなってきた。

セッション3以降は、課題ごとに受講者全員の投票による賞が一名だけに与えられた。私もしだいに欲が出てきて、賞を取ろうとスピーチの内容に凝りだした。しかし、なかなか受賞できない。少しずつではあるが、自分に不足している何かに気づきだした。

そして、セッション6B「壁を突き破る」で初めて受賞した。自宅に帰って家内にそのことを話すと、「卒業までに賞を三つ取れたらいいね」と励まされ、確信もないのに「賞を三つ取る」と約束してしまった。その後、セッション8B「更なる熱意」で二回目の受賞。しかし、その後なかなか取れない。

それもそのはず、誰もが最初のころとは違い、格段にスピーチと表現方法が上達している。そう簡単に取れるわけがない。他の受講者にいかにインパクトを与え、投票へ心を動かすかが難しい。しかも、課題はすべて「実話」のルールになっている。

苦心しつづけたが、とうとうセッション12、卒業の日を迎えた。このセッションでは、誰か自分の身内や知人を招待して、スピーチ発表を聞いてもらうことになっている。私は家内を招待した。少し照れくさかったが、その一方で、最終回での受賞を目ざして気持ちは高ぶっていた。

しかし、コース最後のスピーチ課題で、なんと、言葉に詰まってしまった。数秒の沈黙。場内から「ガンバレ」と激励の声。案の定、セッション12では受賞できなかった。私はこの時点でもまだ暗記に頼る癖が抜けずにいた。つまり、このコースの本質をまだよく理解していなかったのだ。話を暗記してはいけないのである。不本意だった。

この最終セッションにはコース全体での「最優秀達成賞」というのがある。クラスでたったひとりだけが受賞できる名誉な賞である。そしてなんと、私がその賞をいただくことになった。私の名前がコールされた瞬間、信じられない気持ちだった。努力が評価してもらえたことが嬉しかった。私は最後の最後で、賞が三つ取れて家内との約束を果たすことができた。

さらにうれしいことがあった。トレーナーが家内に、「ご主人はこのコースを受講されて何か変化がありましたか？」と質問された。それに対して家内は「最近、表情が良くなりました」と答えたのだ。これはうれしかった。実は自分でも自分の変化に気づいていはいたのだ。このコースには、話し方を上達させるだけでなく、人そのものを変える何か特別なパワーがあるようだ。もっと若い時に受講できればさらに良かったと思う。

コース卒業後、私はつぎの土曜日午後のＴＯＤ５８０クラスでアシスタントを務めることになった。アシスタントはスピーチのサンプルを発表するので、意地でも失敗するわけにはゆかない。最初は強いプレッシャーを感じたが、しだいにリラックスして、暗記せずに人前で話せるだけの自信がついた。

ありのままの自分でいいんだ

大学生　太田理沙（仮名）

*

「これでいいんだろうか」

あれは今年の夏のことです。季節は太陽がさんさんと降り注ぎ、明るい時季だというのに、私の心は重たくて仕方ありませんでした。人間関係でもつまずき、自分の選択した進路にも自信が持てず、行き着いた考えが冒頭の「これでいいんだろうか」という言葉と「自分を変えたい」でした。

自分の性格が良くないから人間関係もうまく築くことができないと思い、自分を責めては自己嫌悪に陥る毎日でした。

そして、「心の美容整形手術」があるんだったら、いっそのこと受けてしまいたい、とすら思った私の口から出た言葉は「性格を変えたい、短所をなくしたい」という弱音でした。

これを聞いた父は「そのままの自分でいいんだけどね。もし自分に自信をつけたいんだったら、デール・カーネギーに行ってみたら」でした。私は、自分の性格を変えられるのであれば何でもいい、とその日のうちにデール・カーネギー・コースを申し込みました。これが私にとって大きな変化をもたらす一歩となりました。

というわけで、私がデール・カーネギー・コースを受講した最大の理由は「自分の性格を変えて、短所をなくしたいから」でした。

ところが、十二週にわたるセッションで学んだことは、ありのままの自分でいいのだ、ということでした。私は「ダメな人間だ」と悩んでいたのではなく、「ダメな人間なのではないか」と自分自身を認められずに勝手に自信を失っていたようです。

コースを受講後も私の性格は何も変わっていません。短所はなくなるどころか私の性格の一部として今まで以上にちゃんと存在しています。

ただ一つだけ、大きく変わったことは自分の性格ではなく、自分の視点でした。どうすることもできなくなった時、そこで立ち止まるのではなく、ちょっと横を見ただけで新しい、そして今までよりずっと素晴らしい道が開けていることに気づくことができるようになりました。

そして、人と接する時の考え方も大きく変わりました。

私は今まで人間関係において「期待」してしまっていたのだと思います。例えば、好意を持った人がいたとして、その人とずっと仲良くしてゆきたい、と思うことは自由であり、素敵なことだと思います。しかしながら、相手を手放したくないから相手好みでいれば大丈夫という「期待」を抱くことで、自分好みの自分でいることを否定し、相手の好みに合わせられなければ相手に嫌われるという「恐怖」をみずから生んでいたようです。

だからといって、もちろん人間関係を良くすることを諦めたわけではありません。コースを受けるごとにどんどん自然体で振る舞えるようになり、その結果、人間関係がスムーズになり、毎日が楽しくなりました。

人から指摘されても「それもそうかもしれないな」といったん立ち止まって考えてはみるものの、そこで足を止めてしまうのではなく、あまりに自分の考えと異なる場合は「それもいいと思う。でも私にはこういう考えがある。違う考えでもいいじゃない」といい意味で開き直れるようにもなりました。

一つのケースの中にいろんな色のクレヨンが入っているように、私たちもひとりひとりが違うのです。そしてクレヨンの中には隣同士になると不快な色になってしまう組み合わせもあれば、きれいな色になる組み合わせもあるのです。人にも同じことが言えると今さらながらに気がつきました。ものすごく簡単なことですが、私はこれを今まで受け入れることができなかったのです。

ただクレヨンと人で異なるのは、人と人との組み合わせは努力次第ではきれいな色に変化させることも可能だということです。そして変化させることができるのは、感情を持つ私たち人間の特権なのです。

もう一つ、デール・カーネギー・コースをとおして身についた価値観は、「いくら未来を心配しても、今がなければ未来は生まれない」ということです。

私たちが自由に操作できるのは過去でも未来でもなく「今」だけです。「過去」の結果を踏まえて何かをすることはできても、過去に起きたことは変えられません。それと同じように、「未来」の目標のために「今」何かをすることはできても、未来そのものを見ることも操作することもできないのです。

そうであれば、過去の失敗を引きずることも未来を杞憂することもその行為自体は無意味にすぎないのではないでしょうか。失敗があったからこそ得たものの数も数えてみると、案外多かったりもします。

デール・カーネギー・コースで得た最大の収穫は、自分への自信です。ありのままの私でいいんだ、という自信を得られたことで人間関係自体が楽になり、毎日を楽しむ秘訣も得られました。

これはこれからの人生できっと役に立つと確信しています。とはいっても実際に壁にぶち当たった時、うまくこれを実践できるかどうかはその時の私次第です。困難にぶつかった時に、うまく実践できるためにも、コースで学んだことを胸に頑張ってゆきます。

認め、励まし、そして、お互いを高めあえる仲間

化学メーカー勤務　木村哲也（仮名）

＊

「ほめことばは、人間に降りそそぐ日光のようなものだ。それなしには、花開くことも成長することもできない」

これはデール・カーネギー氏の著書『人を動かす』の中に、心理学者のジュス・レアーの言葉として引用されているものです。デール・カーネギー・コースでの十二週にわたるセッションは、私にとっては、まさにこの言葉の意味をそのまま体験するものでした。

このコースに通う前の私は、あまり自分に自信が持てず、会社でもどこかうまくゆかないもどかしさを感じていました。また、人前で話すことが大の苦手で、プレゼンテーションなどの機会があっても、いつも緊張しすぎてしまい、うまく自分を表現しきれずにいました。こんな自分を少しでも変えることができれば……、そのような思いでこのコースに参加しました。

そして、クラスに参加し、クラスでの最初のスピーチ。なんとか準備はしたものの、私は、みんなの前でちゃんと話せるのだろうか、みんな私の話をどう思うだろうか、認めてもらえるのだろうか、そんな不安でいっぱいでした。

しかし、私がクラス全員の前でスピーチをやり終えた時――緊張しながらやっとの思いでやり終えたものでしたが――、講師の方がこう言ってくれました。

「今のスピーチ、とっても良かったですね。その時の様子がありありと伝わってきました。みなさん、そう思いませんか？」

クラスのメンバーがうなずいてくれました。

その時、私の心に押し寄せた大きな喜びは、今でも忘れられません。私でも人前で堂々と話すことができる、そんな自信を与えていただいた気がしました。そして、クラスには、それを認め、励まし、そして、ほめてくれる仲間がいたのです。

この時、同時に、私は自分がどれほど人から認められることを欲していたのか、人からほめられたいと思っていたのか、ということを改めて認識させられました。そして、認められること、ほめられることが、どれだけその人に喜びを与え、さらには自信を与えるのかを身をもって実感することができたのです。

その後もデール・カーネギー・コースの毎週のセッションでは、お互いの発表を認め合い、修正すべきは修正しつつも、励ましあって、お互いを高め合う、という素晴らしい雰囲気の中で修了の日を迎えることができました。私にとっては何物にも代え難い貴重な経験となりました。

その一方で、今まで、いかに私自身が周りの人たちを認めずにいたのかを痛切に感じずにはいられませんでした。仕事がうまくゆかない時、家族が私の思いどおりのことをしてくれない時など、まわりの人が協力してくれたことも忘れて、どれだけ人を非難してしまっていただろうか……。彼らのしてくれたことに対し、感謝もせず、認めもせずに……。そして、どれだけ、必要のない批判や口論をこれまでくり返してきたのか、私は何という人間だったのか、と。

クラスでの体験があってからは、私もできるだけ、職場で、家庭で人を認めて、ほめてあげるように努めました。

「あの仕事、すごい頑張りでしたね」

「今日の料理、とてもおいしかったよ」

今まで、かけてあげられなかったこんな言葉をかけることによって、どれだけ相手の顔に笑顔がひろがるのを見ることができたことでしょうか。そして、さらに自信を持ち、やる気を出して頑張る姿を。

「ほめことばは、人間に降りそそぐ日光のようなものだ。それなしには、花開くことも成長することもできない」

デール・カーネギー・コースを修了した今は、以前より、ずっと重くこの言葉が心に響くのです。この言葉の大切さ、素晴らしさを本当の意味で教えていただいたコースの講師・アシスタントの皆様、クラスのメンバー全員に深く感謝しています。そして、コースをとおして教えていただいたことを、私がひとりでも多くの人に対して実践してゆけたら……、今は、そう思っています。

「最近、彼女もしっかりしてきたよなぁ」

製薬会社勤務　鈴木隆司（仮名）

＊

私は入社以来、与えられた自分の担当業務をこなし、またチームのチームリーダーや先輩をサポートする立場にいました。それが最近になってサポートすることに加え、後輩を指導するリーダー的な要素を求められるようになりました。

しかし、これまでの私は後輩に対して仕事を依頼する際、また教育する際に、その本質をうまく伝えることができず、形だけを伝えることに止まってしまい、その結果、後輩たちから期待する成果を得られずにいました。

そんなこともあり、私はデール・カーネギー・コースを受講するにあたり、ビジョンとして会社内での自分のリーダーシップ像を思い浮かべ、各セッションでもビジョンに近づくため後輩をターゲットとして課題を実践してきました。

私がまず目ざしたのは、「話しかけやすい先輩になる」ことです。デール・カーネギー・コース流に言えば「相手のコンフォート・ゾーンの中に入る」ということになると思います。

私は大学時代、研究に没頭し、お世辞にもコミュニケーションにたけているとは言えませんでした。また、昔から人見知りする面があり、後輩と接する時にも自分をうまく表現できずにいました。後輩からしてみれば相談しやすい相手ではなかったと思います。

そこで、まずはお互いの距離を縮め、そして仕事の上でも良好な関係を築こうと考えました。私はお互いの距離を縮めるために、「誠実な関心を寄せる」「相手の関心事を見抜く」といった人間関係のルールに従うことにしました。仕事上のことでも、プライベートのことでも、何でもかまわず相手の関心を探り、それを題材とし、後輩たちとの会話を増やすことから始めました。

セッション7の「人間関係を強化する」という課題の中で、私はひとりの後輩をターゲットとしました。彼女は仕事の能力は高いのですが、今一つ仕事に対する熱意が低く、私が苦手意識を強く持っている後輩でした。

彼女をターゲットに決めたあと、私は彼女に関して自分が持っているデータを頭の中で整理しました。

「兄弟は確か妹がいたはずだな?」

「入社してきた時の自己紹介で通信販売が趣味って言ってたな?」

「あっそうだ！　美味しいものを食べ歩くのが好きって聞いたことあるな！」

そして、彼女が出張先の名古屋から帰ってきた時のことです。

「お疲れさま！　今日は名古屋だったんだろ？　何か美味しいもの食べてきた？」

すると彼女が答えました。

「それがどの店にしていいか悩んじゃって、結局普通のお店でスパゲティ食べちゃいました……」

「せっかく名古屋に行ったのにそれじゃあ、もったいないな。名古屋なら駅の地下街に美味しいひつまぶしのお店があるよ。教えるから今度名古屋へ行った時に食べてみな」

「本当ですか！　お願いします」

たわいもない会話ですが、彼女が心から返答してくれたことが伝わりました。今までにはあまりなかったことです。今までは自分で「苦手」という線引きをしていて、積極的に話しかけていなかったのですから、それも当然のことです。

それからも積極的に私から笑顔で話しかけることを心がけました。

そしてデール・カーネギー・コースも終わりに近づいたころ、少しずつ効果が見えるようになってきました。ある日、彼女から話しかけられました。

「ちょっとお聞きしたいことがあるんですが、今いいですか？」

「いいよ。何？」

「この書類なんですけど、この場合は、これでいいんですよね？」

「そうそう。これオレも悩んだんだよね。オレはここをこうしたけど、あとはこれで大丈夫だよ」

「あっ、そうですね。ありがとうございました」

コース全般をとおして、人間関係スキル、コミュニケーション・スキルの強化、リーダーシップ・スキルの育成という目的で与えられた課題を、後輩をターゲットとしてこなした結果、まず、これまでより後輩との距離が縮まったのを感じています。距離が縮まったことにより、以前より自信を持って後輩に物事を伝えることができるようになり、また後輩たちも以前より積極的に質問や自分の意見を伝えてくれるようになりました。

私がデール・カーネギー・コースで学んだこと、それは話し方のテクニックではなく、話す時、相手と接する時の「意識」であり、課題を実践することを通じて、その「意識」を実行し「成果」を感じられたことです。これはたいへん貴重な経験だったと思っています。

デール・カーネギー・コースが終了した三日後の残業中のことです。

「最近、彼女もしっかりしてきたよなぁ」

独り言のように課長がつぶやきました。私がデール・カーネギー・コース受講中に、いつもターゲットとして意識していた後輩のことです。

「そうですか？　変わりましたか？」

「うん。報告書の文章もしっかりしてきたし、何より質問が鋭く的確になったよなぁ」

「確かにそうですね」

私は机の下で拳《こぶし》を握り締めながら「よし！」と思いました。

三カ月ごとの目標を立てて

ソフト開発会社勤務　早乙女実穂（仮名）

＊

「おめでとう、去年に続いて二回目だね」

社長から表彰式の壇上で賞状、賞金とトロフィを受け取りました。

「ありがとうございます」

にっこり笑って一緒に受賞したカスタマーセンターの同僚と入れ替わりました。前年度の部署ごとのパフォーマンスに対しての表彰です。私たちは全社で三位でした。

受賞理由は、カスタマーセンターの派遣社員一〇〇人のうち六〇名前後を、契約社員に移行するプロジェクトの成功です。授賞式の最中、私の頭の中ではこの一年の出来事が走馬灯のように駆けめぐりましたが、毎日時間に追われる、本当に忙しい一年でした。

当初担当していたマネジャーが体調を崩したため、私が途中からマネジャー役を引き継ぎました。人件費予算の確認や就業規則の制定、移行予定の社員からの質問に対する回答や手続きに関する特別事項、承認フローやワークフローの制定など、時間と手間のかかることばかりでした。

契約に際しては、三カ月にわたり月に一度大阪に出向き、ひとりひとりと契約や入社手続きの説明を行ない、充分に確認した上で契約書に署名捺印をしてもらいました。カスタマーセンターの同僚と人数を分け、一日に一〇人前後と面談しました。朝いちばんの「のぞみ」に乗り、最終の「ひかり」で帰ってくるという、強行スケジュールでしたが、三カ月後には、何とか六二名全員の契約を完了することができました。

デール・カーネギー・コースを受ける前でしたら、「なんで、私ばかりこんなに忙しい思いをしていなければならないのよ！　やっていられないわ！」と思ったでしょう。しかし、「新しいことをさせてもらえるのは、チャンスだからがんばろう！」と、いつも自分に言い聞かせました。確かに、体力的につらいと思ったことはありました。時々失敗することもありました。情けなくて落ち込むこともありました。やってしまったことは取り消せませんので、誠意を持って対応し、先に進むことに専念しました。

その結果の三位表彰でした。

現在は、マネジャーも復帰しましたので、仕事の配分も変わり、前年度に比べると余裕ができました。そこで今は、もっと専門知識を高めるために、一〇倍いいえ一〇〇倍の熱意でまた新しいことに取り組みはじめました。専門知識を高めれば、もっと自信を持って仕事ができると感じましたし、自分の目ざすビジョンに必要なことだと思ったので、新たなチャレンジを決心しました。

将来のビジョンを持って、そこに到達するために三カ月ごとの目標を立てて一つずつ目標を達成してゆく。そして達成感を自信として、つぎのステップへ移る。簡単な図式ですが、実行するのは難しいことです。

でも、デール・カーネギー・コースで、公約をすること、成功のイメージを常に明確に持ちつづけることによって実行できることを体験しました。熱意を持つことによって得た成功体験や、人間関係のルールを実践することにより他者の協力を得ることができた経験は、私の強力な味方です。時間がかかってもやり遂げてゆこうと心に誓っています。

また、この一年は主人にも迷惑のかけどおしでした。帰宅時間が遅いため、食事の支度ができなかったり、家事も充分にできなかったりという毎日でしたが、ゴミ捨て、お風呂掃除、掃除、洗濯と何でも率先して助けてくれた主人に感謝しています。これも、人間関係のルールの実践による成果であると信じています。

あとがき

今年、デール・カーネギー・トレーニング®は、日本で開催されるようになってからちょうど四〇年を迎えました。この記念すべき年に、日本のデール・カーネギー・トレーニング®初の出版物を刊行できることになり、とても感慨深いものがあります。

この四〇年間、日本の経済、社会は大きな変貌を遂げましたが、その間に、本トレーニングは、様々な分野で活躍する約五万人の受講者を輩出してきました。

日本での最初のクラスは英語のクラスでした（現在は日本語と英語のクラスがあります）。初期の受講者には海外駐在を目的とした人や、外資系の企業や組織に勤務する人が多くいました。一九六〇年代以降の日本のビジネス環境が海外に目を向け、進出を始めた時期に重なります。受講者は、デール・カーネギー・コース®を通してアメリカの文化の一端に触れ、英語とパブリック・スピーキングの力を身につけることが主な目的のようでした。

当時の某省事務次官は、国際会議で日本を代表してスピーチを求められたとき、デール・カーネギー・コース®で養った力を発揮した結果、大成功だったと話しておられます。またある人は、アメリカの大学で学んでいるときにデールと出会い、帰国後には多くの友人に本トレーニングを勧めてくれていました。

過去四〇年間、デール・カーネギー・トレーニング®の伝えてきた内容は変わりません。ただ時代や経済環境によって変化するニーズには熱心に対応してきました。つまりデリバリーは常に一歩先を行くスタンスを心がけてきました。企業生命は三〇年などとよく耳にしますが、同じことをしていては一〇年と続かないと考えています。

世の中の常識が次々に塗り替えられていく昨今、多くの人からこれからの社会、会社や学校はどのように変わり、それにどのように対応していったらよいかと質問を受けます。その質問にお答えする代わりに、本書に掲載したデール・カーネギー・トレーニング®の受講者の声、社員研修にご採用いただいている企業の声に、耳を傾けていただきたいと思います。

人間として、社会人として普遍のものを十二週間のトレーニングで自ら見出し、納得のゆく人生を歩み始めた受講者の体験記を通して、また企業が本トレーニングを採用することで、社員の人間力による望ましい変化を引き起こした様子をご一読ください。その結果、今何をすべきか、新しいヒントや答えを見出していただけましたら幸いです。

本書の刊行には多くの方の協力をいただきました。社内事情を活字にすることをお許しくださいましたマツダ株式会社執行役員カスタマーサービス本部長テリー・L・モアー氏とカルビー株式会社人事グループ・マネジャー南伊佐夫氏並びに両社のご関係の方々、体験記にご協力いただいた十七人の受講者の皆様にこの場を借りてお礼を申し上げます。

さらに、私どもの仲間ではありますが、自らの体験談を披瀝し、本書制作の中心となってくれたトレーナーの中島清文氏、また、本書の出版にご配慮いただいた創元社社長矢部敬一氏、本書の企画段階から、親身になって相談にのっていただいた同社編集部長の猪口教行氏に、心からお礼を申し上げます。

デール・カーネギー・トレーニング®
（主催）パンポテンシア株式会社代表取締役　山本　悠紀子

編者=パンポテンシア(株)

『人を動かす』『道は開ける』等の著者D・カーネギーが創設したデール・カーネギー・トレーニング®を日本国内で主宰。全国主要都市で公開クラスを運営するほか、企業の社員研修も手掛けている。
(tel. 03・3470・7377　http://www.dale-carnegie.co.jp)

デール・カーネギー・トレーニング®

90年の歴史を持ち、全世界80数カ国で運営されているグローバルな能力開発トレーニング。人間関係、コミュニケーション、積極的な態度、等のスキルを養成し、ビジネスパーソンの問題解決、自己実現に応えるプログラム。

D・カーネギー・トレーニング

発行日
二〇〇三年 九 月十日第一版第一刷発行
二〇〇六年十一月十日第一版第三刷発行

編者
パンポテンシア株式会社

発行者
矢部敬一

印刷所
寿印刷株式会社

発行所
創 元 社

〒541-0047 大阪市中央区淡路町四—三—六
電話〇六—六二三一—九〇一〇(代表)
FAX〇六—六二三三—三一一一
http://www.sogensha.co.jp/

〔東京支社〕〒162-0825
東京都新宿区神楽坂四—三 煉瓦塔ビル
電話〇三—三二六九—一〇五一(代表)

ISBN 4-422-10048-3